Freud no Divã

Freud no Divã
Uma Introdução Crítica ao Pai da Psicanálise

Beverley Clack

Tradução
WALDÉA BARCELLOS

SÃO PAULO 2015

Esta obra foi publicada originalmente em inglês com o título
FREUD ON THE COUCH
Por Oneworld Publications, 2013
Copyright © Beverley Clack, 2013

O direito de Beverley Clack ser identificada como autora desta obra está assegurado por acordo com o Copyright, Designs and Patents Act 1988.

Todos os direitos reservados

Copyright © 2015, Editora WMF Martins Fontes Ltda.,
São Paulo, para a presente edição.

1ª edição 2015

Tradução
WALDÉA BARCELLOS

Acompanhamento editorial
Luzia Aparecida dos Santos
Revisões gráficas
Luzia Aparecida dos Santos
Ana Maria de O. M. Barbosa
Edição de arte
Katia Harumi Terasaka
Produção gráfica
Geraldo Alves
Paginação
Studio 3 Desenvolvimento Editorial

Dados Internacionais de Catalogação na Publicação (CIP)
(Câmara Brasileira do Livro, SP, Brasil)

Clack, Beverley
  Freud no divã : uma introdução crítica ao pai da psicanálise / Beverley Clack ; tradução Waldéa Barcellos. – São Paulo : Editora WMF Martins Fontes, 2015.

  Título original: Freud on the couch.
  Bibliografia.
  ISBN 978-85-7827-912-7

  1. Freud, Sigmund, 1856-1939 – Crítica e interpretação 2. Psicanálise I. Título.

14-11908   CDD-150.1952

Índices para catálogo sistemático:
1. Psicanálise freudiana : Psicologia   150.1952

Todos os direitos desta edição reservados à
Editora WMF Martins Fontes Ltda.
Rua Prof. Laerte Ramos de Carvalho, 133 01325.030 São Paulo SP Brasil
Tel. (11) 3293.8150 Fax (11) 3101.1042
e-mail: info@wmfmartinsfontes.com.br http://www.wmfmartinsfontes.com.br

Sumário

1 A vida e a obra de Freud — 1

2 A histeria e o desenvolvimento da psicanálise — 33

3 Édipo e a sexualidade — 69

4 Os sonhos, o desenvolvimento e a psique — 105

5 A religião e o destino — 141

6 Freud no século XXI — 171

Sugestões para leituras complementares — 185

Bibliografia — 207

Agradecimentos — 211

Índice remissivo — 213

1
A vida e a obra de Freud

As ideias de Sigmund Freud nos são familiares mesmo que nunca tenhamos lido nada que ele escreveu. A maioria terá ouvido falar do ego, do id e do superego. Quando descrevemos os atos e atitudes dos outros, podemos empregar esses termos para designar o eu consciente, o inconsciente que afeta nosso comportamento e a voz internalizada das normas da sociedade. Quando alguém comete um ato falho e revela o que de fato sente ou pensa, pode-se atribuir-lhe "lapso freudiano". Se alguém se preocupa em excesso com a organização e a manutenção de tudo limpo e arrumado, podemos dizer que essa pessoa tem uma personalidade "anal". E, se suspeitarmos que um de nossos amigos não se sente à vontade com sua sexualidade, poderemos nos flagrar descrevendo-o como uma pessoa "recalcada". Esses chavões remontam direto à obra de Freud, tirando partido de categorias essenciais que moldam sua teoria para a compreensão do comportamento humano: a psicanálise.

Entretanto, por mais que sua linguagem influencie nossa fala habitual, é provável que poucos tenham lido seus livros e um número ainda menor terá lido toda a sua obra. A maioria de nós veio a conhecer as ideias de Freud por meio da cultura informal. Poderia ser em clássicos de suspense, como *Marnie, confissões de uma ladra* (1964), de Alfred Hitchcock, filme que usa categorias psicanalíticas para identificar, no abuso sofrido na infância, a origem do medo de sexo de uma mulher jovem. Ou, num tom totalmente mais leve, poderíamos ser apresentados a Freud por meio dos filmes de Woody Allen. Em seus filmes, Allen faz frequentes referências cômicas às teorias e práticas da psicanálise. Talvez o melhor exemplo disso seja *Noivo neurótico, noiva ner-*

2 Freud no divã

vosa (1977), em que Allen examina o relacionamento intermitente entre o comediante Alvy Singer e a cantora de boate Annie Hall. Grande parte do humor deriva da ligação das ideias de Freud à vida desses personagens. A certa altura, Alvy descreve Annie como "perversa polimorfa", aplicando a descrição de Freud da capacidade da criança de encontrar o prazer em qualquer parte do corpo: "se eu fizer carinho nos seus dentes ou nos seus joelhos, você ficará excitada". Mais adiante, ao falar sobre como teria querido se suicidar, Alvy explica que estava fazendo análise "com um freudiano rigoroso; e, se você se matar, eles o farão pagar as sessões a que você faltar". Como essa modalidade de psicoterapia pode significar cinco sessões por semana com um analista, dá para ter uma noção de como isso seria dispendioso!

A imagem de Freud é reconhecível de imediato: um homem de meia-idade já avançada, grisalho, com barba, olhar inflexível, senhor de si, trajando um terno pesado de lã com colete e com um charuto na mão. É tamanha sua fama que uma série de *memorabilia* de bom gosto (e às vezes de péssimo gosto) reflete essa imagem, ao mesmo tempo que cristaliza nossa ideia de quem ele é. Existem inúmeros bonecos de Freud, todos usando ternos elegantes e severos, todos com barba, todos reproduzindo aquele olhar penetrante. Meu predileto é um Freud enlevado, tocando *The Way We Were* [Como nós éramos], a canção de Barbra Streisand. Trata-se de uma escolha adequada de música para Freud. O verso que diz "aquilo que é doloroso demais lembrar, simplesmente preferimos esquecer" reflete a afirmação de Freud de que a mente expulsa da consciência as experiências e sentimentos dolorosos. Freud chegou a ser transformado numa figura de ação, feita de plástico, com seus "poderes especiais" parecendo residir no charuto que está segurando.

Freud é uma figura tão conhecida, com uma imagem tão icônica, que escrever uma introdução para suas ideias é um pouco difícil. Até podemos achar que sabemos o que Freud tem a dizer, quer tenhamos de fato lido seus livros, quer não. Mesmo que os tenhamos lido, nossa impressão sobre o que ele diz pode ter sido colhida de uma ou duas de suas obras mais importantes: talvez tenhamos lido *Três ensaios sobre a teoria da sexualidade*, *O futuro de uma ilusão* ou *A interpretação dos sonhos*. O problema de ler Freud desse modo está na possibilidade de isso nos levar a considerar que ele pode ser reduzido a algumas ideias principais.

No início deste livro, é recomendável deixar de lado quaisquer ideias preexistentes a respeito de Freud, para que possa vir à tona um Freud bem diferente, bem mais complexo. Pretendo demonstrar que esse Freud tem o poder de se dirigir a nós, de tratar do nosso mundo e dos nossos interesses. Para descobrir esse Freud, precisamos examinar algumas das suas afirmações menos conhecidas, além daquelas ideias com as quais já podemos ter deparado.

Freud escreveu muito: seus livros e artigos compõem 23 volumes. Contudo, uma redescoberta de Freud envolve mais do que simplesmente um estudo aprofundado de uma quantidade maior desses textos. Também envolve uma atenção ao método de Freud, à medida que ele avança em seu empenho para entender o que é ser humano. Esse é um projeto que não se resume ao entendimento teórico, mas também trata de estabelecer métodos para amenizar o sofrimento decorrente da experiência humana.

Freud é antes de mais nada um médico que procurou curar os que sofriam de várias formas de doença mental. Suas teorias brotam de sua experiência clínica. Além disso, essas teorias surgem num período específico na história e são influenciadas por esse período. No final do século XIX, a psicologia e a investigação do cérebro estão na tenra infância. Desse modo, ele não tem escolha a não ser a de tentar – de modo experimental – criar um vocabulário para os fenômenos com que depara.

Essa tentativa de descrever os processos subjacentes à doença mental é em si uma tarefa considerável. Mas não é só isso o que

Freud faz. Ele também associa suas investigações da doença mental a um relato mais geral dos processos mentais. Nenhuma dessas atividades é fácil. O que torna a leitura de Freud empolgante são os trechos em que deparamos com o Freud que não tem certeza das suas conclusões, que deseja brincar com ideias e ver aonde elas o conduzirão. É esse Freud que encontraremos aqui: aquele que assume a incumbência de se engalfinhar com as dores e prazeres da existência humana. O resultado é que esse Freud continua a ter muito a oferecer aos seus leitores do século XXI.

Um exemplo. É frequente que Freud seja descrito como alguém com um excesso de interesse pelo sexo; e, como veremos, ele escreveu muito sobre o tema. No entanto, ele também trata da morte. Uma de suas sugestões mais controversas é a de que, exatamente da mesma forma que os seres humanos são moldados pela pulsão sexual que leva à criação de coisas novas, ao crescimento e à expansão, também existe uma "pulsão de morte" que os atrai na direção de ciclos destrutivos de repetição, desintegração e, por fim, a bem-vinda simplicidade de não-ser. Embora Freud seja fascinado por essa possibilidade e anseie por investigá-la, ele também a critica, sem ter certeza sobre seu mérito e sobre ser possível fornecer boas provas para uma noção desse tipo:

> Podem perguntar se estou convencido e até que ponto estou convencido da veracidade das hipóteses expostas neste trabalho. Minha resposta seria a de que eu mesmo não estou convencido e que não procuro persuadir outras pessoas a acreditar nelas. Ou, para ser mais preciso, que não sei até que ponto acredito nelas (Freud, 1920: 59)*.

---

* As numerosas referências a trechos da obra de Freud estão identificadas pela fonte usada pela autora, a *Standard Edition,* organizada e traduzida para o inglês por James Strachey. Os números de páginas indicados referem-se ao texto da *Standard Edition,* segundo a organização por data e volume indicada na Bibliografia. (N. da T.)

Eis um Freud totalmente mais humano do que aquele que poderíamos esperar encontrar a partir daquelas imagens icônicas; um indivíduo maduro, no apogeu de sua capacidade. Ao longo de um período de cerca de 40 anos, seus escritos nos revelam alguém que pode não estar "inventando à medida que avança", alguém que recorre às ideias de terceiros, mas acaba tentando desenvolver um modo inteiramente novo de falar sobre o que é ser humano. Deve-se salientar que essa abertura para a discordância ao longo do processo não é a única postura que ele assume. A história do estabelecimento da psicanálise como disciplina está cheia de exemplos em que Freud dispensa os que discordam daquilo que ele considera os aspectos fundamentais da sua teoria. Entretanto, o Freud mais hesitante desse trecho insinua uma parte do prazer de lê-lo: ele nos convida a participar de seus processos de pensamento, reconhecendo as limitações de algumas das alegações especulativas que faz. Ele nos pede que o acompanhemos numa viagem pela mente humana. Se estivermos preparados para acompanhá-lo, essa aventura poderá ser tanto esclarecedora como desafiadora.

O septuagésimo quinto aniversário da sua morte, em 2014, oferece uma oportunidade para revisitarmos o homem cuja obra consideramos conhecer. Se abordarmos a obra de Freud com um novo olhar, poderemos, lado a lado com seus primeiros leitores, ver a inovação bem como a estranheza de seu trabalho. Numa cultura que está tão familiarizada com as ideias "freudianas", perdemos em grande parte essa sensação de surpresa. Na tentativa de recuperá-la, talvez possamos resgatar a natureza controversa de seu pensamento para uma época que, de modo bastante preguiçoso, aceitou suas ideias sem ter muita noção do que Freud de fato disse.

Começamos a ter alguma ideia da criatividade da abordagem de Freud ao examinarmos de que modo desdobramentos importantes do seu pensamento surgiram a partir do pano de fundo da sua vida. Adotar essa abordagem consiste em trazer para o primeiro plano o ponto de partida de Freud para reflexão. O que é pessoal e o que é individual são dispostos solidamente no centro de sua tentativa de entender a vida e a cultura humana. Ideias e valores não são abstratos. Eles não caem já prontos no mundo humano, mas surgem a partir da experiência do indivíduo. Como veremos, isso não quer dizer que seja impossível fazer afirmações gerais sobre o que significa ser humano: longe disso. Simplesmente, é exigido de nós que aprofundemos mais nosso pensamento sobre as diferentes experiências, processos e acontecimentos que moldaram a forma pela qual nós, como indivíduos, lidamos com nosso mundo. Examinar a vida de Freud – e em particular seu início – permite que captemos parte das lutas e interesses pessoais que influenciam a forma assumida por sua teoria e sua prática. Exatamente como ele incentivava seus pacientes a deitar-se num divã e lhe contar suas histórias, não existe melhor modo para avançar do que pedir o mesmo a Freud.

Início da vida de Freud

Sigismund Schlomo Freud nasceu em 6 de maio de 1856 em Freiberg, Morávia, primogênito de Jacob e Amalia Freud. Amalia teve mais sete filhos, mas Sigi sempre foi seu predileto e mais protegido. Freud era considerado uma espécie de criança prodígio por sua mãe, que o idolatrava e fazia o que podia para cultivar uma visão do filho amado como um intelectual em formação. A vida da família era adaptada às necessidades de Freud: quando o piano da família perturbou seus estudos, ele foi rapidamente retirado.

Amalia, terceira mulher de Jacob, era uma jovem atraente, cerca de vinte anos mais nova que o marido. Sigmund (nome que ele adotou de início na escola e depois, de modo permanente, na faculdade) nasceu, portanto, numa família numerosa, com uma complexa rede de parentescos inter-relacionados, que transpunham gerações. Os filhos do primeiro casamento de Jacob eram bem mais velhos que Sigmund. O primogênito, Emanuel, era mais velho que sua madrasta, Amalia. Um dos filhos de Emanuel – sobrinho de Sigmund, embora fosse um ano mais velho que o tio – foi o primeiro amiguinho de Sigi. A descrição dessas relações superpostas nos dá uma boa noção de como era complexa a vida da família de Freud.

A falta de uma distinção nítida entre as gerações nas primeiras experiências da infância de Freud sem dúvida contribuiu para sua fascinação pelas peculiaridades e complexidades dos relacionamentos humanos. Mais tarde, ele recordou sua sensação de confusão quanto à identidade do pai de sua irmã mais nova, Anna. Seria o pai de Anna o idoso Jacob, ou o arrojado Philipp, meio-irmão de Sigi?

Problemas financeiros forçaram a família a se mudar, inicialmente para Leipzig e depois, em 1860, para o bairro de Leopoldstadt, em Viena. Ali, Freud descobriu-se no centro do gueto judaico. Viena era uma cidade ambivalente para os judeus. O antissemitismo grassava; mas ao mesmo tempo reformas liberais indicavam que meninos judeus, como Sigmund, podiam sonhar em "ter sucesso". Freud lembrou-se de uma vidente lhe ter dito que ele "provavelmente chegaria a ser Ministro" (Freud, 1900: 193). Contudo, morando no gueto, ele não podia evitar a percepção de que era um menino judeu numa sociedade que, na melhor das hipóteses, encarava os judeus com suspeita e, na pior, se certificava de que os judeus tivessem pleno conhecimento do seu lugar na vida da cidade. A família não era religiosa, mas ainda assim era punida por ser de origem judaica, o que forçou Sigmund a encarar a natureza arraigada desses preconceitos.

Esses preconceitos provocaram no jovem Sigi consequências muito pessoais. Quando ele estava com doze anos, seu pai contou-lhe uma história inquietante e desanimadora que revelava sua aparente aceitação das limitações de ser judeu. Caminhando pela rua, Jacob viu-se confrontado por um cristão, que lhe arrancou o chapéu da cabeça e berrou com ele para que saísse da calçada, por ser judeu. Sigmund ficou consternado ao perguntar ao pai o que tinha feito, e este responder que obviamente tinha apanhado o chapéu do chão. Qual era a alternativa? (Freud, 1900: 197). Naquela época, o herói de Sigmund era Aníbal, o grande comandante militar. O contraste entre a (aparente) covardia do pai e a disposição de seu herói para lutar deve ter sido, no mínimo, perturbador.

A falta de heroísmo de Jacob pode ter sido pragmática, mas teve um efeito duradouro na ideia que Freud fazia do seu pai. Ela parece ter influenciado a forma da mais controvertida das suas teorias, a do complexo de Édipo. Como veremos no Capítulo 3, quando examinarmos o tema em profundidade, o complexo de Édipo assume uma variedade de formas, mas em seu cerne é definido com simplicidade. Entre os três e os cinco anos de idade, cada criança vivencia o desejo dramatizado na história do mítico rei grego Édipo. Édipo, uma criança adotada, mata inadvertidamente seu verdadeiro pai e desposa sua mãe. Freud afirma que nas fantasias de cada criança existe um desejo semelhante: elas desejam matar o genitor do mesmo sexo, para manter relações sexuais com o genitor do sexo oposto.

Antes de avançarmos muito mais, deveríamos refletir sobre o que Freud quer dizer com o termo "fantasia", não apenas por esse termo afetar o significado do que ele diz, quando afirma que a criança "deseja" esses resultados chocantes, mas também porque ele se torna um conceito essencial na obra dos psicanalistas que se seguiram.

Jean Laplanche e Jean-Bertrand Pontalis salientam que, em alemão, *"phantasie"* se refere ao mundo da imaginação, tanto em termos do "seu conteúdo quanto no da atividade criativa que o anima". Podemos considerar a fantasia menos significativa que a realidade, mas a intenção do psicanalista é demonstrar como as fantasias exercem um efeito poderoso sobre a forma pela qual o mundo "real" é percebido.

O que Freud quer dizer quando afirma que a criança tem sentimentos assassinos e incestuosos? Seu foco não está voltado para a relação "real" entre o genitor e a criança, mas, sim, para os desejos ou anseios da criança. Estes são moldados pela ignorância por parte da criança acerca do que o sexo e a morte de fato representam. Quando a criança pensa no sexo com o genitor, ela reveste esse pensamento com o desejo de ter posse total do genitor do sexo oposto. Do mesmo modo, quando ela pensa na morte do genitor do mesmo sexo, seu desejo é pela ausência desse genitor, mais do que por sua destruição física. Isso não significa que deveríamos considerar essas fantasias débeis ou triviais; muito pelo contrário. Fantasias dessa natureza podem ser esquecidas à medida que crescemos, mas elas deixam sua marca no tipo de relacionamento sexual adulto que tivermos, além de formar o alicerce para nosso caráter.

Quando Freud se refere ao complexo de Édipo, ele o faz para estabelecer sua teoria da sexualidade. Entretanto, ela não é simplesmente uma teoria que resulta de suas investigações intelectuais; ela também deve muito aos embates pessoais de Freud com seu próprio pai, bem como à diversidade de sentimentos que tinha por ele. Se sua mãe, jovem e encantadora, que nitidamente preferia Sigi aos outros filhos, era propriedade do seu pai, esse pai falível (ousaríamos dizer covarde?) poderia ser suplantado. Na idade adulta, Sigmund percebia que de fato tinha ultrapassado o nada heroico Jacob. Nos seus textos, há insinuações dessa relação difícil com o pai, que sugerem em parte de que modo suas lutas pessoais influenciam a forma assumida pelas suas teorias.

Em *A interpretação dos sonhos*, Freud descreve uma embaraçosa experiência de infância, na qual ele se urinou no quarto dos pais, na presença deles. A reação frustrada de Jacob a essa intromissão irritante e desagradável foi "esse garoto não vai ser ninguém na vida!" (Freud, 1900: 216). Não surpreende que Freud queira provar que o pai está errado. Mas a determinação de desafiar as ideias do pai a seu respeito não é tudo o que ele extrai dessa experiência. Em vez de considerar sua luta com um pai muito pouco compassivo tão somente uma luta de caráter pessoal, Freud extrapola sua própria experiência para investigar as tensões entre todas as crianças e seus pais. Segundo sua concepção, a relação pai-filho nunca é simples e direta. Nossas relações com nossos pais são sempre ambivalentes, pois o genitor é tanto amado como odiado. Se Freud não tivesse amado seu pai tanto quanto o desprezava, ele poderia ter considerado mais fácil lidar com seus sentimentos. Simplesmente poderia ter rejeitado o pai.

Essas tensões pessoais afetam o modo com que Freud constrói sua teoria do complexo de Édipo. O foco de Freud está voltado invariavelmente para a relação entre o filho e o pai. A relação entre mãe e filha recebe um tratamento menos explícito. Sem dúvida, isso reflete sua relação menos conturbada com sua própria mãe. Ela é adorada; ela o adora. Que mais há a dizer? Contudo, conflitos pessoais desse teor não são desprovidos de impacto, pois permanecem e influenciam a teoria que Freud formula. Comentadoras feministas, como Christiane Olivier e Angela Carter, indicam que isso resulta numa fragilidade em sua teoria, já que sua abordagem do papel desempenhado pela mãe é insuficiente. A ênfase que ele empresta à questão paterna, em detrimento da questão materna, leva-o a concentrar a atenção em experiências e relações masculinas, mais do que em femininas. Foram necessárias as teorias da psicanalista Melanie Klein e suas reflexões sobre a importância da mãe, na década de 1940, para restabelecer o equilíbrio.

A ambivalência sentida pelo filho para com o pai apresenta um aspecto ainda mais pessoal num incidente que ocorre durante a primeira visita de Freud a Atenas. Ao ver a Acrópole pela primeira vez, Freud é dominado pela emoção. Analisando essa emoção, ele descobre que se trata de culpa. Culpa, por quê? Porque, quando ele vê a Acrópole, não vê apenas uma construção antiquíssima; ele compreende a importância desse lugar para a cultura ocidental. Esse é o lugar onde se fixaram as raízes da democracia, da filosofia e da arte ocidentais. Seu pai pouco instruído não teria feito essa ligação, mas o filho mais culto e mais instruído pode fazê-la. Essa é a fonte da culpa de Freud: ele ultrapassou o pai por ser mais instruído e mais culto. No entanto, a sensação de vitória não produz simplesmente prazer; ela também faz com que ele se lembre de que a imagem de seu pai todo-poderoso – seu primeiro herói – foi perdida. E foi perdida em razão dos próprios atos de Freud (Freud, 1936). Foi captada uma verdade dolorosa acerca da natureza da vida. Ela nunca se restringe ao crescimento e ao desenvolvimento. Também envolve a decepção e a perda.

Doutor Freud

A uma infância precoce, dedicada aos livros, em que ele era mimado como o filho predileto por sua mãe, seguiu-se o estudo da medicina na Universidade de Viena, a partir de 1873. Aluno do renomado fisiologista Ernst Brücke (1819-92) e do cientista Hermann von Helmholtz (1821-94), Freud queria ser um pesquisador científico, em vez de médico clínico. Seus planos caíram por terra quando ele se apaixonou por Martha Bernays. Desejando casar-se (o que fizeram em 1886) e reconhecendo que o fato de ser judeu dificultaria seu progresso, por causa dos preconceitos da época, ele precisou pensar de modo pragmático numa carreira que sustentasse o lar da família. Isso significou a escolha de uma carreira médica com pacientes pagantes, em vez do orçamento limitado do pesquisador científico. Freud, porém, haveria de criar um consultório médico nada comum. Seu interesse residia em tratar doenças mentais, e ele em particular queria investigar as raízes da doença mental mais debatida do seu tempo: a histeria.

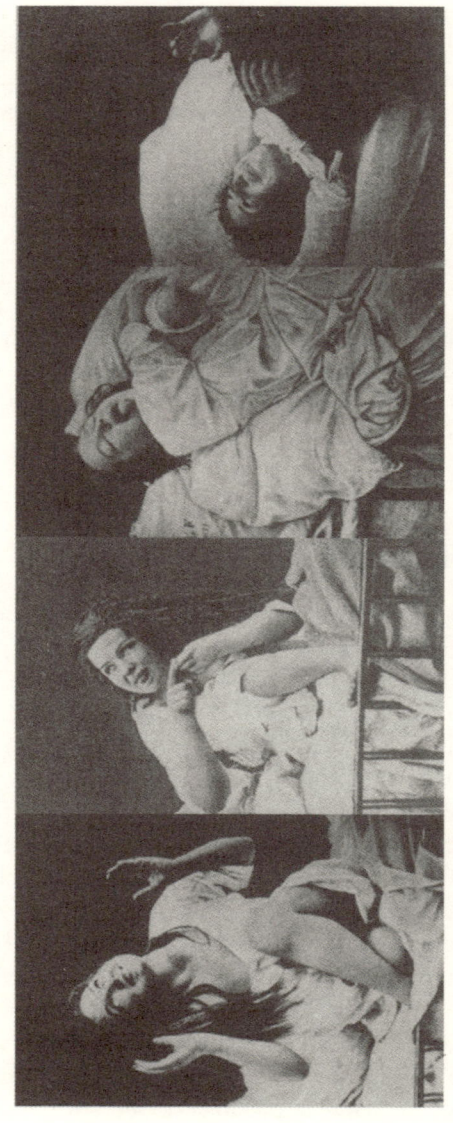

Figura 1 Imagens de histéricas em Salpêtrière (Crédito: Wikimedia images)

A histeria é um diagnóstico perturbador e espinhoso a ser enfrentado. Atualmente, como diagnóstico médico, ela praticamente desapareceu, tendo seus sintomas sido incluídos numa série de diferentes condições e transtornos mentais. No tempo de Freud, a histeria era identificada de acordo com uma faixa de sintomas cujas origens não podiam ser atribuídas a nenhuma enfermidade física. O paciente poderia manifestar sensações de sufocação, tosse nervosa, ataques impressionantes, paralisia dos membros, desmaios, incapacidade para falar, perda da audição, esquecimento da própria língua, uso de uma língua desconhecida, vômitos e impossibilidade de comer ou beber. A paciente histérica tinha uma aparência perturbadora, como podemos ver em fotografias feitas por um dos principais investigadores do tempo de Freud, Jean-Martin Charcot (*ver* Figura 1).

A maioria dos pacientes era do sexo feminino, mas Freud gerou controvérsia ao alegar que também os homens poderiam sofrer de histeria. Nas fotografias de Charcot, vemos mulheres "descontroladas", apanhadas num devaneio solitário. Essas imagens são muito inquietantes, e podemos sentir certo embaraço ao contemplar esses retratos íntimos. O corpo contorcido das mulheres insinua que elas estejam dominadas por uma paixão pessoal. É difícil não ter a sensação de ser um *voyeur* quando examinamos essas fotos. Imagens de uma paciente histérica, fora de controle, tanto nos fascinam quanto nos causam repulsa, provocando uma sensação de forte constrangimento.

O método de Freud para tratar essas mulheres derivava de sua colaboração com outros médicos em atividade. (Como veremos no Capítulo 2, ele também decorreu do relacionamento que Freud criou com as pacientes histéricas que frequentavam seu consultório.) Influências iniciais de outros médicos incluíram as de Theodor Meynert (1833-92), diretor de uma clínica psiquiátrica em Viena, e Jean-Martin Charcot (1825-93), diretor do hospício de Salpêtrière em Paris. A influência de Charcot sobre a abordagem de Freud estendeu-se além do empenho de revelar a história que se encontrava no centro do sofrimento da paciente histérica. Freud apreciava e procurava imitar o estilo de escrita de Charcot, que se valia de uma variedade eclética de fontes e recursos literários.

Trabalhar com pessoas como Charcot permitiu que Freud desenvolvesse sua abordagem a transtornos como, por exemplo, a histeria. Ele se tornou menos interessado em estabelecer as causas biológicas dessas perturbações e mais interessado em descobrir as explicações psicológicas. Trabalhar com outro médico, Josef Breuer (1842-1925), possibilitou que ele mergulhasse de modo mais direto na investigação do que causava a histeria. Ele começou a elaborar teorias da doença mental que levavam em conta o papel que a sexualidade desempenhava na formação dos sintomas desse tipo de doença. Em 1886, valendo-se dessas experiências formadoras, ele abriu seu próprio consultório particular para tratar pacientes de várias formas de neuropatologias (ou doenças mentais).

A experiência de Freud ao trabalhar com Breuer e as pacientes histéricas que eles procuravam curar levou-o a formular uma nova compreensão da mente. Ao investigar a histeria, ele e Breuer concluíram que as doenças que estavam tentando tratar resultavam de ideias e sentimentos que tinham sido recalcados, expulsos do consciente. Uma visão comum da histeria naquela época era a de que ela decorria da degradação da histérica. Se examinarmos de novo as fotografias de Charcot, poderemos concluir que a natureza aparentemente sexual de seus devaneios era considerada uma prova de que essas eram mulheres imorais, promíscuas, cuja doença revelava sua verdadeira natureza. As investigações de Freud sugeriam uma visão radicalmente diferente: a histérica não era uma pessoa corrupta e degenerada. Em vez disso, ele alegava que, na raiz da doença histérica, havia "uma ideia inaceitável" que acompanhava um acontecimento traumático, muitas vezes de natureza sexual. Em vez de aceitar essa ideia, a histérica na realidade reforçava demais o aspecto moral e acabava procurando se isolar totalmente dela.

Encontra-se um bom exemplo no breve contato que Freud teve com Katharina, uma filha de hospedeira, de 18 anos, bastante mal-humorada, que ele conheceu quando estava de férias (Breuer e Freud, 1893-95: 125-34). Numa conversa, Katharina conta-lhe que, ao longo dos dois últimos anos, vem sofrendo de ataques recorrentes de angústia, em que se sente sufocada, acompanhados de alucinações com um rosto desconhecido. Freud atribui a origem desses sintomas ao abuso sexual por parte do pai (embora no estudo de caso, ele indique o tio de Katharina como o abusador: um sinal do surpreendente excesso de escrúpulos que ele às vezes manifesta ao tratar do mundo perturbador do desejo sexual). Os sintomas surgem depois que Katharina presencia uma cena chocante. Procurando por sua prima, ela a encontra na cama com o pai de Katharina. Em choque, Katharina fica perplexa; sente tonturas e desnorteamento. Acaba caindo de cama. Por fim, ela conta à mãe o que viu. Resultado: a mãe abandona o pai.

Era possível associar a angústia de Katharina ao trauma da separação de uma família, mas isso também explicaria as visões perturbadoras do rosto desconhecido? Freud vai mais fundo e descobre uma lembrança de uma tentativa de sedução por parte do pai, quando Katharina tinha 14 anos. Mera criança, ela não tinha entendido como sexual o que ele estava tentando fazer. Esse conhecimento só surge quando ela vê o pai com sua prima. A cena é acompanhada pelo que se torna um pensamento inaceitável: "agora ele está fazendo com ela o que quis fazer comigo naquela noite e naquelas outras vezes" (Breuer e Freud, 1893-95: 131).

De início, ela resiste a esse pensamento, que considera repugnante, e o expulsa da mente. Nos termos de Freud, ela o "recalca". A noção de recalque constitui uma parte essencial da teoria de Freud: aqui ela é compreendida como o processo pelo qual pensamentos inaceitáveis são expulsos da consciência. Incapaz de admitir sua experiência, Katharina – e o paciente histérico em termos mais gerais – torna-se presa de sintomas que representam dramaticamente no corpo aquilo que não é admitido. Quando ela é pressionada, fica claro que o rosto que não para de ver é o do pai, enfurecido com o fato de que as revelações da filha lhe custaram o casamento. O que poderia ter sido uma dor na mente (uma ferida emocional, por assim dizer) torna-se então uma dor no corpo, porque ela tentou expurgar da mente todo e qualquer pensamento a esse respeito. A alegação de Freud é que a energia psíquica gerada pela emoção precisa ir para algum lugar. No caso de Katharina, ela se transformou em ataques de angústia acompanhados por alucinações que, quando analisadas, revelam uma triste história de traição e tentativa de abuso.

Dar-se conta do poder que esse tipo de sentimento recalcado tem para gerar os sintomas físicos associados à histeria leva Freud a desenvolver um método que procure trazer o que é inconsciente para o consciente. A técnica envolvida exige que o paciente fale até esgotar o assunto que o está perturbando. Uma das pacientes de Breuer, conhecida como "Anna O.", comparou o processo à "limpeza de chaminés". Esse método de limpeza mental consistia numa "associação livre": dizer não importava o que fosse que viesse à mente, por mais ridículo, aparentemente sem significado ou vergonhoso. Com a análise das ligações feitas pelo paciente, torna-se possível rastrear até sua origem os sintomas que o afligem. Esse método "catártico" torna-se a base para a postulação de Freud da "psicanálise" como um modo de lidar com perturbações mentais. Uma vez que as origens do sintoma sejam identificadas, o sintoma desaparece. "Analisar a psique" (ou a mente) permite que o que é inconsciente se torne consciente, proporcionando ao paciente a possibilidade de mais uma vez ter a vida nas próprias mãos.

De modo notável, a partir dessas reflexões como uma forma para explicar a histeria, Freud dá um salto para aplicá-las, em termos mais gerais, a um entendimento do que constitui ser um ser humano. A paciente histérica não estava consciente de seus sentimentos e desejos recalcados. No entanto, só porque esses sentimentos já não eram conscientes – eram, na realidade, inconscientes –, isso não significava que fossem incapazes de afetar sua vida. Pelo contrário, eles tinham consequências devastadoras sobre sua capacidade de viver no mundo. Em vez de limitar a importância do inconsciente à explicação da doença mental, Freud passa a aplicá-lo em termos mais amplos a todos os seres humanos.

No Ocidente, esforços no sentido de criar uma teoria do eu costumam atrair a atenção para a ideia de que os indivíduos humanos são mais bem definidos por meio daqueles elementos do eu que são conscientes e demonstram reflexão. Sou uma pessoa consciente, pensante, que sabe quem eu sou, em que acredito e o que quero fazer. A ideia do inconsciente desafia esses pontos de vista. O que Freud conclui de seu trabalho com pacientes histéricas é que existe uma força dentro do eu, sobre a qual pouco sabemos, uma força que é inconsciente mas tem o poder de afetar nossos atos. Na experiência do paciente histérico, temos simplesmente um caso extremo. Os indivíduos são mais complexos do que possa nos agradar imaginar.

Em *Sobre a psicopatologia da vida cotidiana* (1901), Freud fornece exemplos do poder do inconsciente, quando descreve casos de atos aparentemente triviais – esquecimentos, lapsos, piadas, perdas de objetos – que, quando analisados, revelam muitos aspectos dos quais o indivíduo não tem consciência nem percepção. Recorrendo a um exemplo pessoal, eu estava passando por um período difícil com uma parenta, quando perdi um anel que a mesma parenta tinha me dado. Na ocasião, não dei a menor importância a isso, descartando a perda apenas como uma irritação. A leitura de *Sobre a psicopatologia,* muitos anos depois, sugeriu uma interpretação diferente: longe de ter sido um "acidente", minha perda do presente dado por ela revelava um desejo inconsciente de eu me livrar dela. Eu não podia perdê-la, mas podia perder seu anel!

Ao comparar as experiências dos pacientes histéricos com nossos próprios atos, Freud pretende revelar até que ponto todos somos impelidos por desejos inconscientes, bem como pelos motivos racionais dos quais temos consciência. Para explicar essa ideia, Freud gostava de usar o modelo de um *iceberg*. A racionalidade e o eu consciente formam a ponta do *iceberg* da mente humana, que se encontra acima da superfície, mas a enorme maior parte permanece sob as ondas, desconhecida, inexplorada, à espera de ser descoberta.

Superando o pai: a autoanálise e o desenvolvimento da psicanálise

O trabalho de Freud com pacientes histéricos permitiu que a noção do inconsciente ganhasse realce. Sua autoanálise após a morte do pai em 1896 promoveu seu trabalho, além de favorecer o desenvolvimento de seu atendimento clínico.

Não surpreende que a morte do pai tivesse deflagrado a necessidade de uma compreensão mais profunda de si mesmo. A morte de um pai em relação a quem a pessoa abriga emoções complexas e contraditórias costuma ser mais difícil de encarar do que a morte de um genitor por quem a pessoa tem sentimentos claros. Ela desafia não só a ideia de quem achamos que eles eram, mas também a de quem achamos que somos. Como ocorreu quando Freud estava com quarenta anos, a morte de seu pai coincidiu com sua entrada na meia-idade, período em que se costuma reexaminar a própria vida.

A relação de Freud com a mãe parece relativamente simples e direta. Ela foi e sempre seria a mãe muito amada, que acreditava nele. Em comparação, a morte de Jacob afetou Freud profundamente e provou ser o elemento catalisador não só para um autoexame mais profundo, mas também para o método que levou a um novo entendimento do eu e, por fim, a uma nova escola de pensamento.

De importância crucial para essa autoanálise foi a investigação e a interpretação dos seus sonhos. Com frequência nos desfazemos dos sonhos, vendo-os como resíduos sem sentido, decorrentes dos acontecimentos do dia. Freud sustentou que, se nos dispusermos a dedicar tempo a analisar os sonhos, por meio do mesmo processo de associação livre empregado com seus pacientes histéricos, era possível entendê-los de modo muito diferente.

Os sonhos não são nem um pouco desprovidos de sentido, mas oferecem, sim, um acesso ao mundo do inconsciente. Interpretar o material de sonhos exige tempo, principalmente porque o significado de um sonho não é óbvio. Nos sonhos, desejos inconscientes são disfarçados para escapar da censura do eu consciente, que para começar recalcou esses sentimentos e ideias inaceitáveis. Através da análise dos sonhos, é possível atingir um autoconhecimento maior, com a revelação do que está acontecendo por baixo da consciência superficial dos interesses do dia a dia e com a descoberta do desconhecido em nosso íntimo. (Voltaremos à importância dos sonhos para a teoria freudiana no Capítulo 4.)

Em 1900, o trabalho de Freud começou a produzir frutos. Ele publicou *A interpretação dos sonhos,* livro que resultou dos rigores de sua autoanálise e preparou o terreno para o desenvolvimento do movimento psicanalítico. Ideias fundamentais estavam surgindo: em especial, a importância da sexualidade infantil e os desejos e temores do complexo de Édipo.

A partir de seu trabalho sobre a histeria e de sua análise dos sonhos, Freud chegou à conclusão de que a sexualidade é vital para a compreensão dos seres humanos. Em obras como *Três ensaios sobre a teoria da sexualidade* (1905) e "Sobre as teorias sexuais das crianças" (1908), ele oferece uma visão ampliada do que a sexualidade significa. Quando falamos de "sexo", a tendência é supor que estejamos falando de atos físicos íntimos e, em particular, de atos relacionados à reprodução. Freud amplia esse espectro, sugerindo que, no terreno sexual humano, as coisas são mais complicadas. O anseio ou "impulso" sexual nem sempre é dirigido para o mesmo objetivo; nem sempre se trata de copular para garantir a reprodução e a continuação da espécie. Objetos diferentes podem se tornar o foco desse impulso. Para alguns, um parceiro do mesmo sexo será o objeto do impulso. Para outros, em certas formas de fetichismo, um par de sapatos. O anseio e o objeto não estão "soldados"; eles podem ser separados. Isso significa que, se quisermos entender a sexualidade humana, deveremos nos concentrar não apenas na atividade sexual, mas também no que as pessoas imaginam sobre o sexo. A sexualidade humana não trata meramente do impulso animal pela reprodução. A forma que ela assume para qualquer indivíduo é construída e moldada pela imaginação.

Entender a sexualidade nesses termos mais complexos leva a mais um aspecto controvertido da teoria de Freud: a ideia da sexualidade na tenra infância. Freud afirma que o sexo não chega simplesmente pronto ao mundo da criança junto com a adolescência e a puberdade. Também a criancinha é um ser sexual. Contudo, a sexualidade na tenra infância não deveria ser encarada como poderíamos encarar a sexualidade adulta: ou seja, a partir da perspectiva de que seu foco esteja nos órgãos genitais e na relação sexual. A sexualidade passa por uma série de fases: a fase oral (em que predominam os prazeres da sucção), a fase anal (em que predominam os prazeres do controle dos intestinos) e a fase fálica (em que são descobertos os prazeres da masturbação) (Freud, 1905b: 173-91). À medida que a criança avança por essas fases, imaginações ou "fantasias" diferentes vêm moldar o que ele ou ela considera prazeroso.

O sexo é, portanto, moldado pela imaginação. À medida que a criança experimenta os diferentes prazeres do corpo, ela também está procurando entender o mundo e em especial o que mamãe e papai fazem juntos quando ela não está presente. As crianças desenvolvem teorias sexuais sobre a natureza do sexo com base nos indícios limitados que estão à sua disposição – calcinhas ou lençóis manchados de sangue, gritos estranhos provenientes do quarto dos pais. Essas teorias podem posteriormente ser substituídas e corrigidas, mas as fantasias que acolhem experiências desse tipo continuam a exercer um efeito poderoso – mesmo que inconsciente – sobre como é imaginada a sexualidade dos adultos. Em vez de ser algo óbvio, o terreno sexual torna-se, na teoria de Freud, um lugar de mistério, que precisa ser explorado.

A partir de 1902 as concepções de Freud começaram a atrair atenção e seguidores. Em 1908, houve interesse suficiente para realizar a Primeira Conferência Internacional do Movimento Psicanalítico, em Salzburg. Freud tinha passado de clínico solitário, que se dedicava a doenças neuróticas enquanto efetuava uma investigação de sua própria vida e de suas experiências, para alguém que trabalhava com outros igualmente dedicados à exploração da importância do inconsciente para o entendimento de si mesmo pelo ser humano.

No fundo, não surpreende que suas ideias se revelassem populares entre os intelectuais de seu tempo. Apesar de sua forma muitas vezes desafiadora e controvertida, a ideia do inconsciente estava longe de ser estranha ao mundo de fala alemã da sua época. A filosofia de Arthur Schopenhauer (1788-1860) e a de Friedrich Nietzsche (1844-1900) foram de particular importância para essas ideias em desenvolvimento. Os dois filósofos formularam explanações sobre as forças que jaziam abaixo da superfície da consciência. Para Schopenhauer, a melhor maneira de entender a mente era como "uma lâmina de água de alguma profundidade... as ideias nitidamente conscientes são apenas a superfície"; uma imagem que de imediato ressoa com a analogia de Freud sobre o *iceberg*. De modo semelhante, Nietzsche usa "*das Es*" – o isso – para descrever as forças impessoais e inconscientes que têm o poder de moldar nossos atos. Com o tempo, Freud adotou a linguagem de Nietzsche como seu rótulo para o inconsciente.

Apesar dessas semelhanças – e na realidade empréstimos –, Freud esforçou-se para negar estar familiarizado com as ideias desses dois filósofos. Ele alegava que tinha tido contato com as ideias de Schopenhauer apenas "tarde na vida" (Freud, 1925a: 29) e que "não conhecia" as de Nietzsche.

Por que o desejo de isolar suas ideias daquelas que as precederam? Freud era extremamente culto, e é difícil acreditar que ele não soubesse das similaridades entre suas ideias e as de Schopenhauer e Nietzsche. Há registros de que seguidores seus, como Paul Federn e Arnold Zweig, teriam salientado para Freud onde se encontravam algumas dessas coincidências. Parece haver algo de bastante estranho no desejo de Freud de se distanciar de outros pensadores. Indicar teóricos que propõem conclusões semelhantes talvez ajude a estabelecer a veracidade de suas alegações.

Pode-se identificar uma razão pessoal por trás dessa postura. Voltando àquela cena embaraçosa do pequeno Sigmund se urinando no quarto dos pais, lembramos da reação frustrada de seu pai: "esse garoto não vai ser ninguém na vida!" Como era poderoso o desejo de provar que o pai estava errado! Que maneira melhor de fazê-lo do que ser o "pai" de uma nova ciência que tenha o poder de revolucionar a forma pela qual se entende a humanidade? (Se nos sentirmos tentados a interpretar uma alegação dessas como um julgamento sobre o caráter de Freud, talvez fosse interessante examinar até que ponto nossa própria vida foi moldada por diferentes reações aos nossos pais. Nós seguimos seu exemplo ou provamos que estavam errados nas suas avaliações sobre a vida? Ou, de fato, sobre nós mesmos e nossas fraquezas?) Se aceitarmos esse contexto, o desejo de afirmar seu *status* como progenitor de um sistema inovador de pensamento será perfeitamente compreensível.

A história daqueles anos iniciais do movimento psicanalítico dá alguma ideia da força e (em algumas ocasiões) do poder desagregador das relações de Freud com homens e mulheres. Talvez de modo surpreendente, considerando-se a reputação de Freud como um patriarca que afirmava que "biologia é destino", suas relações difíceis costumavam ser com homens, ao passo que suas relações com mulheres eram invariavelmente afetuosas, solícitas e duradouras. Entretanto, se o virmos como alguém interessado em estabelecer um novo modo de pensar que derrube a avaliação negativa que o pai fez dele, suas relações difíceis com seus colegas rivais do sexo masculino começarão a fazer mais sentido.

Alguns exemplos fornecerão uma indicação da complexidade e profundidade das relações de Freud. Carl Gustav Jung (1875-1961) foi sob muitos aspectos seu maior colaborador, até uma desavença espetacular que dividiu o movimento psicanalítico. Filho de um pastor suíço, Jung estudou medicina e trabalhou na conceituada clínica psiquiátrica em Burghölzli. Impressionado com o trabalho de Freud sobre os sonhos e a histeria, Jung passou a defender as ideias de Freud e começou a se corresponder com ele em 1906. Sua correspondência era vigorosa e calorosa, mas se caracterizava por atribuir a Freud o papel de mentor e a Jung, o de discípulo. Apesar disso – ou até mesmo por esse motivo –, Freud, para irritação de outros membros do movimento psicanalítico, não demorou a conceder a Jung o posto de herdeiro aparente. Não havia, porém, nada de aconchegante nessa relação entre mestre e discípulo. Desde o início, houve divergências nas suas respectivas abordagens à sexualidade: Jung recusava-se a aceitar a explicação abrangente de Freud, procurando entender a principal força na existência humana como uma energia mental mais generalizada. Ele também estava aberto a uma abordagem mais mística e religiosa à vida: atitudes que Freud descartaria (como veremos no Capítulo 5) como mera ilusão.

Com o tempo, as tensões e atritos de uma relação entre dois poderosos intelectos e personalidades se revelaram insustentáveis. Veio à tona o rancor de Jung por ser descrito como o jovem aprendiz; e o ressentimento diante do que ele percebia como o dogmatismo de Freud levou a um rompimento definitivo.

Como salienta Peter Gay, esse rompimento começou com um "incidente insignificante". Em 1912, Jung melindrou-se quando Freud não foi vê-lo durante uma viagem para visitar Ludwig Binswanger, que se acreditava estar padecendo de uma doença terminal. A resposta de Freud ao questionamento irritado de Jung quanto ao motivo pelo qual os dois não tinham se encontrado não mencionou a enfermidade de Binswanger. Ela estava em conformidade com o desejo de Binswanger de que ninguém soubesse da sua doença. Contudo, ela também sugeria que Freud estava ficando um pouco cansado das explosões emocionais de Jung e do tempo que este lhe exigia; e Freud não tinha a menor intenção de amenizar as coisas para seu antigo discípulo. Se a brecha ainda não estava aberta, uma divisão mental já se instalara entre os dois. Numa turnê de palestras pelos Estados Unidos, mais tarde naquele ano, Jung rejeitou explicitamente as teorias de Freud referentes à sexualidade das crianças, ao complexo de Édipo e ao papel da sexualidade na formação da doença neurótica. Por fim, em 1914, Jung renunciou ao posto de Presidente da International Psychoanalytic Association [Associação Psicanalítica Internacional] depois de um ano ou mais de disputas e desavenças públicas.

O modelo da sua relação com Jung não era pouco familiar a Freud. Idolatria (de ambas as partes), atritos, separação: esse era um padrão que podia ser visto em suas relações com outros homens, entre eles o médico Wilhelm Fliess (1858-1928) e o analista Alfred Adler (1870-1937).

Relações mais estáveis e duradouras Freud haveria de ter com mulheres, para as quais o movimento psicanalítico proporcionava um contexto vicejante. Se a psicanálise foi de início classificada como "a ciência dos judeus", por causa da quantidade de pensadores e clínicos de origem judaica, também poderia ser descrita, com igual adequação, como "a ciência das mulheres". Suas ideias iniciais foram influenciadas por analistas mulheres, como Hermine Hug-Hellmuth (1871-1924), Helene Deutsch (1884-1982), Karen Horney (1885-1952), Ruth Mack Brunswick (1897-1946) e Joan Riviere (1883-1962). O desenvolvimento da psicanálise depois da morte de Freud foi moldado pelos vultos colossais de Melanie Klein (1882-1960) e da filha de Freud, Anna Freud (1895-1982). Analistas como Hanna Segal, Rosine Perelberg, Julia Kristeva e Jessica Benjamin continuam a influenciar sua teoria e prática contemporâneas. Considerando-se a atração da psicanálise sobre as mulheres, talvez não surpreenda muito que Freud tenha desenvolvido uma série de amizades intelectuais com mulheres. A princesa Maria Bonaparte (1882-1962), que ajudou a financiar a fuga dos Freud da Alemanha nazista, foi uma grande confidente, bem como uma animada interlocutora. No entanto, talvez a mais interessante dessas amigas seja Lou Andreas-Salomé (1861-1937).

Russa e de origem aristocrática è rica, Lou surge como uma mulher nascida adiante do seu tempo, manifestando qualidades que poderíamos encontrar com mais facilidade em nossos próprios dias. Chegando a Viena no meio dos embates entre Freud e Jung, em 1912, Lou tinha uma reputação de "livre-pensadora", aparentando ser, sob muitos aspectos, uma figura algo escandalosa. Essa reputação era baseada em seu papel, quando jovem, num estranho relacionamento triangular com Nietzsche e o filósofo e escritor Paul Rée. Embora Lou encarasse esse arranjo em termos intelectuais, os dois se apaixonaram por ela.

Esse experimento de um estilo alternativo de vida fracassou de modo estrondoso, dilacerado pelo ciúme e desentendimento. Já com um pouco mais de idade, ela rapidamente se estabeleceu como membro importante da comunidade psicanalítica, trazendo, nas suas palavras, "a figura invisível" de Nietzsche para o círculo mais íntimo de Freud. Interessada na ampliação do entendimento da sexualidade feminina, Lou se recusava a encarar o fato de ser mulher como um aspecto negativo e acreditava que "o feminino em sua essência tem algo de uma 'fusão primordial com o Todo em que repousamos'". A mulher se sente "à vontade" nos processos do mundo natural, de uma forma que o homem não se sente. (O Capítulo 5 examina a centralidade da afirmação de que não nos sentimos à vontade no mundo, no que diz respeito à visão de Freud sobre a religião.) Para Andreas-Salomé, a mulher é "o animal afortunado", por ser abençoada com um equilíbrio que o macho irrequieto não possui.

Ao longo dos anos, Freud cada vez confiava mais em Lou, respeitando sua inteligência e valorizando a correspondência entre eles, que chegou a mais de duzentas cartas. Lou também deu um apoio inestimável a Anna, filha de Freud que viria a ser uma psicanalista eminente por seus próprios méritos. Anna tinha uma relação carregada com sua mãe, Martha; e Lou parece ter assumido o papel de mãe adotiva. Freud e Lou referiam-se a Anna como sua "filha Anna", designação que dá alguma ideia da intimidade entre eles. Isso não quer dizer que não houve disputas teóricas entre Freud e Andreas-Salomé. Contudo, em contraste com o problemático relacionamento de Freud com Jung, essas divergências podiam ser debatidas, sem medo de que sua amizade fosse desfeita. Em termos psicológicos, havia menos em jogo numa relação com uma mulher? A luta pelo poder era menos acirrada com alguém do sexo oposto? Levando-se em conta a relação de Freud com o pai e a sombra que ela lançou sobre sua noção do eu e sua necessidade de realização, as relações com mulheres podem ter sido menos revestidas de emoção do que as relações com rivais do mesmo sexo.

A guerra e a morte

Lado a lado com o companheirismo e as disputas intelectuais, os acontecimentos no mundo desempenharam seu papel na definição da visão de Freud. A catástrofe da Grande Guerra de 1914-18 teve um impacto considerável na direção de seu pensamento, forçando-o a lidar diretamente com os problemas de ser um indivíduo em sociedade. Embora a "civilização" nos ofereça muitas vantagens – a sensação de comunidade, associação, apoio contra as forças da natureza –, ela também exige o refreamento dos instintos animais que fazem parte de nossa constituição. Se quisermos viver em sociedade, precisaremos descobrir formas de dominar os desejos por sexo e violência.

Com a Grande Guerra, Freud precisou ajustar aspectos da sua teoria. Até então, seu interesse tinha se concentrado nos instintos sexuais. A questão tinha sido como entender a natureza da sexualidade. Em particular, ele tinha sustentado que os humanos são impelidos pelo desejo de maximizar o prazer e evitar a dor: o que chamava de "princípio de prazer". À medida que atingimos a maturidade, os excessos do desejo por prazer devem ser refreados pelo reconhecimento da realidade; especialmente o modo pelo qual nossos desejos devem ser controlados, se quisermos conviver em sociedade. Em consequência da guerra, essas reflexões assumem uma direção diferente. Como devemos entender as fontes da agressividade humana? Em resposta a isso, Freud especula que outro instinto está presente ao lado do instinto sexual. Se o instinto sexual está ligado ao impulso de criar nova vida e coisas novas, o outro instinto busca um retorno à tranquilidade anterior à vida animada. É uma pulsão que incentiva a desintegração e a morte.

A noção de Freud da "pulsão de morte" é controversa, porque não fica claro exatamente que tipo de prova pode ser fornecida. No contexto de um mundo que parece estar implodindo, talvez ela fizesse mais sentido. Contra o pano de fundo do horror da guerra de trincheiras, parece haver alguma justificativa para a conclusão negativista de Freud de que "o objetivo de toda vida é a morte" (Freud, 1920: 38). A questão passa a ser como reagir a esse conhecimento apavorante.

O período que se seguiu à derrota esmagadora dos exércitos austro-alemães contribuiu pouco para desfazer a sensação de uma sociedade que estava desmoronando. A convulsão econômica que acompanhou a imposição de reparações à Alemanha e a seus aliados foi sentida por Freud, bem como por inúmeros outros. Era difícil encontrar pacientes capazes de pagar a análise. Ele perdeu suas economias e se esforçou para manter o consultório em atividade.

Enquanto o mundo lá fora cambaleava com os horrores da guerra e das ramificações que persistiam, a tragédia atingiu o centro da sua família. A filha predileta de Freud, Sophie, sempre alegre e risonha, morreu na epidemia de gripe de 1920. Foi um golpe terrível. "Não sei se a alegria um dia voltará a nos visitar", escreveu ele para sua amiga Kata Levy. A essa perda seguiu-se, em 1923, a morte de Heinele, filho de Sophie, aos quatro anos e meio de idade. Se isso fosse possível, esse foi um choque ainda maior que o da morte de Sophie. Freud acreditou que, pela primeira vez na vida, estava sofrendo de depressão. A vida tinha perdido todo e qualquer significado, e ele chegou a confidenciar ao amigo Otto Rie: "[Heinele] significava o futuro para mim e assim ele levou junto o futuro". No mesmo ano, Freud submeteu-se à primeira de muitas cirurgias para tratamento do câncer do maxilar, que haveria de deixá-lo em agonia por grande parte do tempo até sua morte, em 1939. Foi um período triste e doloroso.

Considerando-se esses acontecimentos, pode surgir a tentação de ver Freud como o psicólogo que revela a aflição da condição humana, não apenas em sua teoria, mas também em sua vida. Isso seria um equívoco. Ao lado da perda de entes queridos, tão comum, há também o desenvolvimento da sua forte relação de trabalho com a filha caçula, Anna. Renomada pelo seu desenvolvimento da psicanálise infantil, ela também elaborou teorias que salientavam a importância do ego consciente, racional; teorias que promoveriam e influenciariam a posterior explanação do eu por Freud.

Na sua teoria inicial, Freud tratou de mapear o funcionamento do inconsciente. Isso significou desenvolver um modelo da mente que procurasse explicar de que modo os mundos consciente e inconsciente interagem. Para tanto, Freud empregou o que foi chamado de "modelo topográfico". Esse modelo envolvia pensar na mente como uma série inter-relacionada de regiões. Há a mente consciente, que é racional e tem percepção de si mesma. Há o inconsciente, que contém os desejos que foram expulsos do consciente. Há também a mente pré-consciente, aquela parte da mente em que os desejos e sentimentos inconscientes começam a se manifestar para o consciente, por exemplo, no mundo dos sonhos.

Na teoria posterior – a partir de 1923 – surge um modelo diferente, que procura definir as três "estruturas" da mente. Ele usa os termos "ego", para a mente racional, consciente; "id", para a mente inconsciente; e "superego", para o mundo externo dos costumes dos pais e da sociedade, que tenha sido interiorizado.

Se a teoria inicial foi projetada para mapear o funcionamento do inconsciente (como o que é inconsciente se torna consciente?), a teoria posterior salienta de que modo a análise busca fortalecer o ego para que ele suporte as pressões do id. Nisso vemos a influência de Anna; sua importância para Freud foi imensa. No leito de morte, ele disse ao seu médico, Max Schur: "O destino foi bom comigo, por ainda ter me concedido a relação com uma mulher desse calibre... estou falando de Anna, é claro." Esse comentário reflete uma ideia mais ampla na sua obra. A vida humana é moldada por duas necessidades: "a compulsão ao trabalho, que era criada pela necessidade externa e o poder do amor" (Freud, 1930: 101). Suas perdas sugerem que a vida não pode ser definida simplesmente pelo desenvolvimento e pelo prazer. Ela também envolve vulnerabilidade e dor. A única maneira de atravessá-la consiste em encontrar um trabalho que lhe confira estrutura e estabilidade, e em investir em nossas relações.

A ascensão dos nazistas como uma força política, a partir do torvelinho do período do pós-guerra, causou um impacto considerável na vida de Freud. Em 1933, seus livros foram queimados junto com os de outros pensadores e intelectuais judeus. "Quanto progresso alcançamos", comentou ele, com ironia, com Ernest Jones. "Na Idade Média, eles teriam me queimado. Hoje, contentam-se em queimar meus livros." Naturalmente, os nazistas não se contentaram em parar na incineração de livros. Sua "Solução Final" atingiu a família de Freud de várias formas, de que ele felizmente nunca viria a ter conhecimento. Sua irmã Adolfine morreu de inanição em Theresienstadt, enquanto suas irmãs Maria e Pauline foram assassinadas, provavelmente em Auschwitz, em 1942.

A anexação da Áustria em 1938 tornou a vida em Viena impossível para a família Freud. Na manhã do dia 15 de março, um grupo de valentões da *Sturm Abteilung* (SA) fez uma batida de surpresa em sua casa, mas foi embora quando se confrontou com um Freud furioso. A detenção de sua filha Anna pela Gestapo (ela ficou presa por um dia) foi mais perturbadora. Esses acontecimentos levaram amigos a fazer preparativos para que os Freud fossem se asilar na Inglaterra. Em junho de 1938, a família deixou Viena para a que seria a última casa de Freud – Maresfield Gardens, nº 20, na região norte de Londres. Freud morreu em setembro do ano seguinte. Ele enfrentava dores extremas por conta do câncer que tinha destruído seu maxilar e pediu que lhe fosse aplicada uma última dose fatal de morfina.

A vida e o legado de Freud

Que poderíamos discernir a partir desse exame da vida e da obra de Freud? Ele pode estar no processo de desenvolver ideias que, em termos fundamentais, alteram nossa forma de pensar sobre a existência humana, mas vale salientar como os detalhes de sua vida não estão distanciados daqueles da vida de seus leitores. Os esforços de Freud não são diferentes dos nossos próprios esforços. Como haveremos de lidar com estruturas familiares complexas numa época em que o divórcio é frequente e segundas famílias, bastante comuns? Como vamos equilibrar as exigências diferentes que fazem pressão sobre nós: carreira e família, amigos e ambição? Como vamos encarar as tragédias do dia a dia: a perda de pais, filhos e amigos? Ao mesmo tempo, acontecimentos no mundo inteiro – impessoais e fora do controle individual –, por sua vez, produzem um impacto no modelo de cada vida e no rumo que ela segue.

Numa cultura que vem se tornando cada vez mais obcecada pela vida de celebridades, esse ponto está longe de ser insignificante. Talvez não sejamos famosos; por vezes, nossa vida pode parecer corriqueira e sem brilho. Mesmo assim, uma coisa une a todos nós: a necessidade de enfrentar questões semelhantes e descobrir soluções para os problemas da vida.

Freud nos oferece mais do que apenas "uma vida para o nosso tempo", como está no subtítulo da brilhante biografia de Peter Gay. Freud é mais do que um "homem comum", cuja vida espelha nossos próprios interesses. Ao postular o inconsciente, Freud transfere a atenção das características superficiais da vida para aquilo que está subjacente. Ao efetuar essa mudança de foco, Freud permite um vislumbre de toda vida humana como algo fascinante e nem um pouco trivial. O significado de uma vida não é compreendido simplesmente através do exame da sua história no mundo "real" de atividades e acontecimentos. O "sucesso" de uma vida não pode ser avaliado apenas pelo estudo de seu impacto no cenário político ou social. Permitir que o inconsciente (e por inferência os processos internos e secretos de nossa vida) assuma a posição central significa que todas as vidas são fascinantes, não importa quais sejam os acontecimentos, porque o conteúdo de nosso inconsciente – nossos medos, desejos e fantasias, bem como o modo pelo qual eles ajudam a construir nossas reações ao mundo – é único e exclusivo para cada um de nós.

Nietzsche, aquela vaga presença nos escritos de Freud, ressaltou que talvez "o Homem" não seja "o ápice da criação"; na realidade, "em termos relativos, ele é o animal mais malsucedido, o mais doentio, o que se afasta mais perigosamente dos seus instintos" – mas "mesmo assim, [ele é] decerto o mais interessante!" Freud sem dúvida teria concordado. Neste livro, trataremos dessa ideia, investigando quatro temas essenciais na obra de Freud que têm a capacidade de desafiar e influenciar a forma com que compreendemos a nós mesmos. Por meio do estudo de suas ideias sobre a histeria, o complexo de Édipo e a sexualidade, os sonhos e o inconsciente, bem como sobre a religião, espero que atinjamos uma noção de como as teorias e práticas de Freud permitem o desenvolvimento de uma perspectiva da vida que é ao mesmo tempo rica e deslumbrante.

As ideias de Freud têm início com a tentativa de compreender a doença mental, mas terminam com um exame muito mais amplo das forças e atitudes que constituem a vida humana. O alcance desse esforço por si só justifica a leitura de Freud. Existe, porém, uma outra dimensão a levar em conta quando deparamos com Freud e sua obra. O que se apresenta não é simplesmente mais uma teoria, mas um conjunto de ideias e práticas de reflexão que possibilitam que todos descubramos modos mais gratificantes de viver.

2
A histeria e o desenvolvimento da psicanálise

À medida que começamos a estudar mais detalhadamente as ideias de Freud, é bom lembrar que suas teorias se baseiam em reflexões sobre seu atendimento clínico. Sua visão da mente é moldada pela experiência prática de trabalhar com pessoas que padeciam de alguma doença neurótica incapacitante: ou seja, transtornos mentais que afetavam sua capacidade de funcionar. Seria um erro deixar de lado o contexto prático de suas ideias, principalmente porque sua abordagem à definição do que é humano é tanto inovadora quanto controvertida, por surgir a partir de seu trabalho clínico com os que estão "doentes".

Para Freud, "saúde" e "doença" não são opostos polarizados. Há um vínculo significativo entre as experiências e práticas dos que sofrem de doenças mentais e as dos que são mentalmente saudáveis. Quando Freud procura entender a histeria – a doença que constituiu a base para seu trabalho clínico inicial –, ele não considera que, em sua "loucura", a histérica esteja isolada de outros seres humanos. O sofrimento "dela" (como veremos, o paciente de histeria era invariavelmente do sexo feminino) e as soluções que ela encontra para seus problemas são simplesmente versões mais extremas das soluções que outros seres humanos (aparentemente "saudáveis") empregam para que sua vida faça sentido, embora de modos bastante diferentes.

A histérica ocupa um lugar importante na história da psicanálise, especialmente porque, através de seu trabalho com histéricas, Freud veio a desenvolver aspectos cruciais do pensamento psicanalítico, bem como de sua prática. Os primeiros trabalhos clínicos de Freud estavam relacionados com a histeria. Logo, faz sentido começar por aqui. Mais que isso, através de seu trabalho com essas pacientes, Freud desenvolve a natureza singular de seu método e teoria. De imediato, isso diz alguma coisa sobre a inovação em sua abordagem, pois a teoria que ele elabora parte de sua relação com essas pacientes. A parceria entre analista e paciente é o que torna a terapia uma prática característica. Como o analista francês Jacques Lacan a descreve, a psicanálise é "uma experiência dialética"; em outras palavras, ela consiste numa conversa entre duas pessoas. O paciente não é nem um pouco passivo. Estudar a relação terapêutica entre Freud e as histéricas que ele tenta tratar faz algumas revelações das vitórias e perigos desse processo complicado (e muito humano).

Uma "história" da histeria

As primeiras pacientes de Freud eram mulheres que sofriam de histeria. Freud procurou curar essas pacientes provenientes de abastadas famílias vienenses dos sintomas debilitantes que restringiam sua capacidade de funcionar no mundo. Além de tentar curá-las, ele procurou entender as origens da sua doença e as experiências que tinham resultado nos sintomas peculiares de que padeciam.

O desejo de Freud de entender as origens da histeria levou-o a formular muitas das suas teorias. A conversa com suas pacientes questionou alguns dos seus pensamentos iniciais acerca das origens da histeria. A princípio, ele acreditava que a histeria resultava de uma reação a um acontecimento traumático, muitas vezes uma tentativa de sedução sexual, ou uma sedução consumada, por parte de um adulto. À medida que trabalhava com suas pacientes, Freud foi chegando a uma conclusão bastante diferente, acreditando que se entende melhor a histeria como uma reação psicológica a um desejo inaceitável.

A rejeição por Freud da ideia de que o abuso explica a histeria levou a muitas críticas. Houve quem o acusasse de negar a realidade do abuso infantil, substituindo-o por uma teoria que visualiza a criança imaginando ocasiões de abuso. Numa carta para Wilhelm Fliess, de setembro de 1897, Freud escreveu: "Já não acredito em minha *neurotica**." O fato de ele já não acreditar nas histórias de sedução na infância, contadas pelas pacientes, parece, no mínimo, negativo. Deveríamos salientar, porém, que Freud reconhece o papel do abuso sexual no desenvolvimento da doença mental, de modo mais notável no caso do Homem dos Lobos, cuja história de ter sido seduzido, quando muito pequeno por uma irmã mais velha, Freud aceita. Como veremos, o interesse de Freud consiste em transferir o exame da histeria, afastando-o da discussão de eventos externos, para uma investigação dos processos internos que moldam os sintomas histéricos. É bem possível que, ao dar esse passo, ele tenha deixado de enfrentar de modo adequado a forma pela qual experiências do mundo exterior ao paciente influenciam a doença do paciente.

Ao registrar suas ideias sobre a histeria, Freud usa estudos de caso de seus pacientes, método que lhe causava certa consternação. Por sua própria natureza, esses estudos são dramáticos, sendo menos semelhantes a relatórios de investigações empíricas, criteriosas, e mais parecidos com uma série de contos de ficção (Freud, 1905a: 9). Contudo, o que faz com que o cientista Freud se sinta constrangido pode provocar uma reação bastante diferente em nós – seus leitores. A natureza intensamente pessoal e íntima dos estudos de caso revela que a psicanálise é uma prática peculiar. Ela trata da experiência individual, mas também

---

* "*Neurotica*" é o termo usado por Freud para designar sua teoria da etiologia das neuroses. (N. da T.)

envolve uma relação entre dois interlocutores. Como sua teoria e sua prática se manifestam a partir da conversa entre analista e paciente, o relato que se desenrola no consultório não é diretamente linear: ele é sinuoso, muda de rumo. O paciente pode chegar a interpretações diferentes dos mesmos acontecimentos em momentos diferentes da análise, ou na realidade depois dela. Isso torna a psicanálise um pouco problemática para o cientista, pois seus processos inconstantes não se encaixam com facilidade num modelo de prática científica linear e lógica.

Se o estilo do estudo de caso perturbava Freud, a própria aplicação do termo "histeria" apresenta problemas semelhantes. Na história da misoginia, a interpretação da histeria como um tipo de doença sobressai como uma forma de expressão poderosíssima do ódio às mulheres e ao corpo feminino. Associada apenas às mulheres, a histeria era compreendida pelos gregos da Antiguidade como uma afecção do útero, literalmente. Acreditava-se que uma mulher se tornava "histérica" porque seu útero estava se movimentando pelo corpo. O único remédio para uma doença dessas era certificar-se de que a paciente estivesse a salvo sob o controle de um homem, fosse ele seu marido ou seu pai. Subjacente a essas explicações está a ideia comum de associar as mulheres ao que é irracional: ideia que persegue as mulheres desde muito antes da era dos gregos. Ao longo da história ocidental, a feminilidade foi definida em termos desdenhosos e condenatórios; os sintomas da histeria e o modo pelo qual ela foi compreendida deram peso a essas construções desabonadoras. Na era cristã, praticamente qualquer tipo de comportamento rebelde feminino era chamado de "histeria", que então era associada a várias formas de comportamento imoral. Foi só no século XVII que a histeria passou a ser vista menos como um problema do útero e mais como uma doença do sistema nervoso. No século XIX, os relatos médicos e morais sobre a histeria eram estranhamente combinados para demonstrar que a doença da histérica se baseava na depravação. A histérica estava doente em termos tanto físicos como morais.

Não surpreende que as feministas sustentem que a histeria somente pode ser entendida em contraste com o pano de fundo da história da opressão da mulher. Embora haja quem ressalte que ela é sintomática daquela história mais ampla de opressão, outros a consideram menos como uma doença e mais como uma estratégia de resistência. Ser histérica proporcionava certo grau de poder e autonomia numa sociedade na qual as mulheres tinham pouquíssimo de um ou de outro. O poder perturbador da histeria – pensemos nos sintomas descritos no capítulo anterior – seriam sentidos pela casa inteira. A mulher cujo corpo é sacudido por dores estranhas, que não consegue falar, comer ou beber, não será capaz de se interessar por afazeres domésticos e pela administração do lar. O aspecto incapacitante da doença resulta em que as rotinas asfixiantes da domesticidade sejam necessariamente rompidas, com os procedimentos da casa sendo forçados a entrar em conformidade com os limites da doença. Interpretada desse modo, a histeria torna-se uma vitória para a mulher que dela padece.

Essas interpretações fazem sentido. Deveríamos ressaltar que Freud também identifica a "função secundária" da doença, usada pelo paciente para obter alguma vantagem (Freud, 1905a: 42-3). No entanto, é importante não deixar de lado o aspecto debilitante da doença histérica. A liberdade com relação à rotina, adquirida numa crise histérica, poderia muito bem levar a paciente a ser internada num manicômio. Mesmo que aceitemos a noção de que a histeria refletiria atitudes históricas para com as mulheres, os sintomas que a constituem não estão nem um pouco ausentes no mundo contemporâneo e ainda são encontrados nas doenças que assumiram seu lugar. Como o psicanalista lacaniano Lionel Bailly ressalta, o simples fato de a histeria já não constar dos manuais de diagnóstico não quer dizer que já não exista. De modo semelhante, o analista britânico Christopher Bollas identifica a sombra da histeria nos transtornos alimentares e na fadiga da encefalomielite miálgica.

Na ocasião em que Freud abre seu consultório, o trabalho de Jean-Martin Charcot, com ênfase na origem física da histeria, sugeria a possibilidade de uma abordagem mais compassiva para com a histérica do que a que vinha sendo empregada. Charcot acreditava que a histeria era um transtorno do sistema nervoso, baseado em fatores hereditários. Isso significava que, pelo menos na teoria, a histeria perdia sua natureza ligada ao gênero, já que tanto homens como mulheres poderiam ser histéricos. Em seus esforços para tratar do distúrbio, Charcot fazia uso da hipnose, tanto como método para reproduzir o ataque histérico como para apresentar ao paciente histérico sugestões que pudessem propiciar uma cura. Isso surtiu um efeito imprevisto: o ataque histérico poderia ser repetido para uma plateia médica, e assim a histeria se tornou uma espécie de espetáculo diante do qual outros podiam se assombrar. No passado, a histérica tinha sido uma presença silenciosa. Agora Charcot a incentivava a contar sua história. Entretanto, sua tendência era ver as palavras dela como mais um sintoma a ser analisado e, invariavelmente, isso significava não levar muito a sério o que ela dizia. Como Julia Borossa comenta, "a histérica de fato podia falar. Ela até era ouvida. Mesmo assim, dificilmente prestavam atenção ao que dizia".

O método psicanalítico e os *Estudos sobre a histeria*

Em contraste com esse pano de fundo, o trabalho de Freud – de início com seu amigo e mentor Josef Breuer e depois em seu próprio consultório – formou a base para uma abordagem radicalmente diferente à doença histérica. *Estudos sobre a histeria*

A histeria e o desenvolvimento da psicanálise

(1893-95) apresenta os estudos de caso de cinco pacientes histéricas que sofriam de uma variedade de sintomas físicos para os quais não tinha sido possível encontrar causas físicas. Esses sintomas incluíam a hidrofobia (medo da água, acompanhado da incapacidade de beber) e a paralisia dos membros. Além de fornecer *insights* fascinantes sobre os fenômenos que acompanham a histeria, os *Estudos* também revelam a transição pessoal e profissional de Freud. Ele deixa de ser um médico que fornece explicações fisiológicas para a doença neurótica e passa a ser um que baseia seu atendimento na investigação em busca de causas psicológicas e soluções para elas. O biólogo pesquisador torna-se psicólogo. Travar contato com essas reflexões iniciais da doença neurótica também dá alguma ideia da natureza colaborativa da psicanálise, pois as experiências das histéricas com quem Freud trabalha acabam influenciando o desenvolvimento da prática psicanalítica.

O atendimento clínico descrito em detalhe nos *Estudos sobre a histeria* tem como origem o "método catártico" de Breuer. Nesse método, sugestões terapêuticas eram feitas à paciente histérica enquanto ela estava sob hipnose. Breuer fundamenta-se no uso da hipnose por Charcot. Mas Breuer foi mais além: sob hipnose, os sintomas foram rastreados até sua origem. Esse foi um desdobramento significativo, pois, uma vez que a origem do sintoma fosse identificada, seu poder de afetar os atos da paciente histérica era solapado, e os sintomas desapareciam.

A paciente mais famosa de Breuer foi "Anna O.". (O verdadeiro nome de Anna era Bertha Pappenheim; ao longo deste capítulo, serão utilizados os pseudônimos que Freud e Breuer empregaram para manter o anonimato das suas pacientes.) Um dos sintomas mais perturbadores de Anna era o de ela não conseguir beber água. Com o uso do método catártico, Breuer pôde ajudá-la a rastrear a origem desse sintoma a uma experiência de ter visto o cachorro de sua dama de companhia bebendo água de um copo, o que ela considerou repugnante. Identificar essa fonte de seu sintoma permitiu que ela voltasse a beber água (Breuer e Freud, 1893-95: 34-5).

Esse resultado prático levou a um avanço nas teorias de Breuer e Freud sobre o que provocava a histeria. Os sintomas não eram aleatórios e desprovidos de significado, mas eram expressões corporais de trauma psíquico. A energia emocional associada a um acontecimento traumático não encontrava expressão através de processos físicos normais, mas era bloqueada; essa "ab-reação" torna-se a base para o desenvolvimento do sintoma patológico. Embora Freud ultrapasse essa interpretação em seu pensamento posterior, nesse estágio é importante observar de que modo a relação entre médico e paciente é significativa para determinar o sucesso ou não do tratamento. Uma cura dependia de a paciente lembrar e expressar o trauma que formou a base para a construção do sintoma. A própria ênfase em esgotar o tema constituía um peso considerável sobre a qualidade da relação entre paciente e médico. Será que a paciente confiava o suficiente no médico para compartilhar suas reminiscências com ele? Para uma cura ser encontrada, a voz da histérica tinha de ser ouvida. O médico poderia ouvir o que ela dizia? Estaria disposto a isso?

A aliança entre médico e paciente, necessária para o tratamento da doença, torna-se ainda mais importante à medida que Freud desenvolve seu próprio método. O método catártico de Breuer dependia do uso da hipnose como o meio através do qual seria possível rastrear a origem dos sintomas. Cada vez mais, Freud considerava esse procedimento de pouca utilidade, principalmente porque ele deparava com pacientes para os quais a hipnose não era de grande utilidade ou que não eram facilmente hipnotizados. Se essa deficiência cabia ao paciente ou à sua própria falta de talento como hipnotizador, Freud não sabia ao certo. Fosse qual fosse o caso, as dificuldades para hipnotizar Emmy von N. levaram-no a procurar um método alternativo.

"Emmy von N." (cujo nome verdadeiro era Fanny Moser) era a viúva rica de um marido muito mais velho. A morte de seu marido foi recebida com muito falatório, incluindo rumores de que a jovem mulher o teria assassinado. Padecendo de depressão, insônia, alucinações, dores no corpo e tiques nervosos, ela se tornou paciente de Freud em 1889. O tratamento de Emmy não foi fácil, especialmente pela dificuldade que Freud enfrentava para hipnotizá-la. Outros, em desespero, poderiam ter desistido e concluído que ela era incurável. A reação de Freud foi diferente e resultou num importante avanço em seus procedimentos clínicos. Dando-se conta de que o mais importante no tratamento dela era o que ela lhe dizia antes de ser hipnotizada, ele começa a cogitar se a hipnose é necessária para seu atendimento. A conversa com ele parece ser mais eficaz, pois são somente os sintomas submetidos a essa "análise psíquica" que são removidos em termos permanentes (Breuer e Freud, 1893--95: 101).

A essa altura, Freud não se sente à vontade para abandonar a hipnose por completo. No caso de Emmy, ele até mesmo usa a hipnose para fazer uma brincadeira com ela. Talvez captando as dúvidas de Freud, Emmy manifesta ceticismo quanto à eficácia das sugestões que ele lhe faz quando ela está hipnotizada. Freud a hipnotiza e lhe entrega um bilhete, em que lhe diz o seguinte:

> Hoje na hora do almoço, você me servirá um copo de vinho tinto, exatamente como serviu ontem. Quando eu levar o copo à boca, você dirá "Ah, por favor, sirva um copo para mim também", e, quando eu estender a mão para pegar a garrafa, dirá "Não, obrigada. Acho que afinal não vou querer". Então, você enfiará a mão na bolsa, tirará esse papel e encontrará estas mesmas palavras escritas nele (Breuer e Freud, 1893-95: 84-5).

Em triunfo ele relata que "o pequeno episódio transcorreu exatamente como eu o tinha programado". Emmy olhou espantada para seu médico, enquanto lia o bilhete (Breuer e Freud, 1893-95: 85). O poder do médico de manipular sua paciente predomina nessa pequena cena, revelando a natureza unilateral da relação entre médico e paciente, quando está envolvida a aplicação da hipnose. À medida que observamos Freud desenvolver seu método, é importante questionar até que ponto a terapia psicanalítica mantém esse desequilíbrio de poder.

No tratamento de "Elisabeth von R." (Breuer e Freud, 1893-95: 135-81), Freud dispensa totalmente a hipnose. "Elisabeth" (Ilona Weiss) padecia de dores nas pernas e tinha dificuldade para caminhar. Tendo estabelecido que o problema não era de natureza física, Freud procura por uma cura psíquica para esse sofrimento. Em vez da hipnose, ele recorre ao que veio a chamar de técnica de "concentração". Para entender a complexa série de experiências que resultou nas dores nas pernas, Freud faz com que ela se deite (o famoso divã entra na cena psicanalítica) e feche os olhos. Aplicando pressão à sua testa, ele lhe pede que relate fielmente tudo o que lhe vier à mente. Ela o faz, e vem à tona uma história de amor não correspondido, de uma tristeza terrível. Apaixonada pelo cunhado, sua reação imediata à morte da irmã querida é a consciência de que ele agora está livre para casar-se com ela. Esse "pensamento inaceitável" põe em questão tudo o que ela acredita acerca de si mesma, como uma pessoa íntegra, correta, amorosa e leal. Ela resiste a ele e o expulsa da consciência. Em seu lugar, produz-se o sintoma da dor nas pernas. Descobre-se que a raiz desse sintoma remonta às próprias caminhadas que ela fazia com o cunhado antes da morte da irmã. Com sua determinação de resistir ao prazer de que desfrutava na companhia dele, suas pernas tornam-se uma fonte de punição para seus pensamentos inaceitáveis. Ela rejeita o pensamento inaceitável e lhe oferece resistência; mas, embora aparentemente esquecido, ele se volta contra o eu. Não surpreende que Freud ressalte que, longe de ser a degenerada pervertida do mito popular, a histérica invariavelmente é apegada demais à moral, punindo-se por seus desejos inaceitáveis (Breuer e Freud, 1893-95: 161). Para Elisabeth, a cura implica o resgate do pensamento e sua aceitação. O desaparecimento do sintoma tem um pós-escrito extremamente agradável, que Freud descreve:

> Na primavera de 1894 ouvi dizer que ela compareceria a um baile particular para o qual consegui obter um convite e não deixei escapar a oportunidade de ver minha ex-paciente passar girando por mim numa dança animada (Breuer e Freud, 1893-95: 160).

Pelo visto, a técnica de concentração foi muito mais eficaz, em termos terapêuticos, que a hipnose. O que é importante é que a voz da histérica não só está sendo ouvida, mas também está moldando a narrativa. Com o tempo, o método de concentração transforma-se no alicerce da terapia psicanalítica: a associação livre. A paciente não deve censurar seus pensamentos. Qualquer coisa que ela pense deverá ser debatida com o médico, por mais insignificante, desregrada ou até mesmo imoral que possa parecer. Todas as ideias serão desenvolvidas. Suas ligações a outros acontecimentos e sentimentos serão examinadas. Durante esse processo, não cabe ao médico decidir o que é e o que não é pertinente: a paciente deve moldar o discurso. Como Freud salienta, tentar "ir direto ao assunto" não funciona.

Tendo procurado dispensar rapidamente os temores de Emmy von N., referentes às práticas em manicômios (temores que pareciam ter pouco a ver com o que Freud suspeitava estar no cerne de seu transtorno), Freud deu-se conta de que de nada adiantava tentar fazer a paciente aceitar uma interpretação lógica e "racional" de seus problemas. "Não posso evitar escutar suas histórias em todos os seus detalhes até o exato momento final", escreve ele (Breuer e Freud, 1893-95: 61). Emmy precisava falar sobre seus temores. E, quando esses medos aparentemente descabidos eram examinados, abriam-se novos caminhos para o entendimento da doença. Analisar o que parecia descabido tinha exatamente a mesma importância que analisar o que o médico acreditava ser pertinente. Logo, o médico não é nem um pouco onisciente para determinar a forma das conversas entre "ele mesmo" e a paciente. A cena terapêutica, caso se queira que seja eficaz, deve ser entendida como uma parceria.

Os *Estudos sobre a histeria* sugerem o impacto positivo que o cultivo da relação entre médico e paciente pode exercer sobre a terapia. É possível afirmar que o avanço mais importante para a teoria de Freud veio através da experiência de uma análise na qual a relação entre Freud e sua paciente pode ter sido qualquer coisa, menos bem-sucedida. Na figura de Dora, a histérica está longe de ser uma parceira de conversa cordial e maleável. A análise de Dora fracassa. Contudo, ao tentar compreender o que deu errado, Freud elabora um aspecto significativo da terapia psicanalítica.

Moldando a teoria psicanalítica: Dora e a transferência

A análise incompleta de Ida Bauer (ou "Dora") é um dos estudos de caso mais importantes para o desenvolvimento da psicanálise. A história de Dora é triste e perturbadora. Levada a Freud pelo pai em 1900, desde os oito anos de idade ela sofria de uma série de sintomas que não tinham nenhuma causa fisiológica identificável: dispneia (dificuldade para respirar), dores de cabeça, tosse nervosa e perda da voz. Na ocasião da primeira consulta com Freud, ela está sofrendo de um "desânimo" e anda abrigando pensamentos suicidas. Ela também andou fazendo acusações perturbadoras contra um amigo da família – "o sr. K." – que, segundo ela, lhe teria feito propostas indecorosas durante um passeio. O sr. K. nega com veemência essa acusação, e o pai de Dora não é nada solidário com a filha, na crença de que essas propostas sejam uma "fantasia que invadiu sua mente" (Freud, 1905a: 26). Ele pede a Freud que "chame [Dora] à razão"

(Freud, 1905a: 26). Sob esse aspecto, a análise tem início em contraste com o pano de fundo do modelo estabelecido por Charcot: a histérica "irracional" deve recobrar o juízo com a ajuda do médico "racional".

O relato de Freud sobre a análise de Dora é fascinante e constitui exatamente o tipo de novela provocante que causava tanto constrangimento a Freud quando ele usava a forma do estudo de caso. Revela-se uma complicada contradança de relações. A mulher do homem que teria tentado seduzi-la – "a sra. K." – é também amante do pai de Dora. Dora acaba chegando à conclusão (com bons motivos) de que seu pai pretende que ela se torne amante do sr. K., para que seu próprio caso com a sra. K. possa continuar. Vistos a partir dessa perspectiva, os sintomas de Dora podem ser interpretados como uma reação perfeitamente natural a uma situação inaceitável: sua doença resulta da sua extrema insatisfação por ser usada como peão nos jogos sexuais dos outros. Estudos feministas do caso de Dora apresentam forte defesa de uma interpretação dessa natureza: as mulheres acabam adoecendo em decorrência do sistema patriarcal de controle e abuso que as deixa impotentes. Ao mesmo tempo, Freud foi (acertadamente) criticado por não ter dado suficiente atenção aos efeitos que os estratagemas das pessoas ao redor de Dora têm sobre ela.

De início, parece surpreendente que Freud não dedique mais tempo a examinar o impacto das relações reais de Dora. O objetivo de Freud é fazer com que Dora concentre a atenção nos seus desejos e em como sua recusa a admiti-los a está deixando doente. O foco que ele propõe, quando começa o tratamento, implica mudar a direção do olhar do mundo exterior para o mundo interior. Até os dias atuais, a psicanálise continua a ser controvertida, por conta dessa volta para dentro. Ao mudar o foco dessa maneira, será que ela não estaria deixando de lado os problemas da desigualdade social e os tipos de abuso que as pessoas infligem umas às outras? Enquanto acompanhamos o caso de Dora, vale perguntar se o método de Freud inevitavelmente não minimiza a realidade das relações abusivas às quais Dora é submetida. Em termos mais amplos, também poderíamos perguntar se o método psicanalítico atribui peso suficiente às circunstâncias do paciente quando o terapeuta busca ter acesso à complexa variedade de sentimentos do indivíduo em resposta a esse tipo de experiência abusiva. Quaisquer que sejam nossas conclusões, a tentativa de Freud de levar em conta os desejos de Dora resulta em parte de sua rejeição à sua própria teoria inicial para o entendimento da histeria como uma doença que resulta de um acontecimento traumático. Em seu esforço para mapear o inconsciente, sua atenção desloca-se dos acontecimentos que moldam sintomas histéricos, passando para os desejos não admitidos que, na sua opinião, impulsionam a paciente histérica.

A análise começa de modo promissor, talvez por Freud não acreditar cegamente na versão dos acontecimentos informada pelo pai de Dora (Freud, 1905a: 26). O contorno da análise parece estar nas mãos de Dora. Isso é insinuado pela descrição de Freud de como o método da associação livre funciona, descrição que ele oferece no início de seu estudo de caso: "Eu agora permito que o próprio paciente escolha o tema do trabalho do dia e desse modo começo com qualquer superfície que seu inconsciente por acaso esteja lhe apresentando no momento" (Freud, 1905a: 12). Uma abordagem como essa – menos determinada, mais "fragmentada" (Freud, 1905a: 12) – dá a entender que o paciente modela a análise, não o médico. Com a adoção desse método, fica evidente que ocorreu uma elaboração a partir dos *insights* adquiridos na análise de Emmy von N.

A aplicação desse método ao tratamento de Dora está aparentemente dando certo até que, sem aviso, ela interrompe a análise. É um choque para Freud; ele não fazia a menor ideia de que isso ia ocorrer. Com a determinação de descobrir por que ela fez isso, as reflexões de Freud levam-no a identificar um fenômeno que, nas mãos de analistas posteriores, como Melanie Klein, vai se tornar um dos aspectos mais importantes da prática psicanalítica: a transferência. Freud define a transferência da seguinte forma:

> Novas edições ou fac-símiles dos impulsos e fantasias que são despertados e trazidos à consciência durante o progresso da análise; mas eles têm essa peculiaridade, que é característica de sua espécie, de substituir alguma pessoa anterior pela pessoa do médico (Freud, 1905a: 116).

No caso de Dora, Freud depara com a força desse fenômeno na identificação, ou transferência, fundamentalmente hostil que ela cria entre o pai e ele. Não tendo percebido essa hostilidade, Freud fica chocado com a forma pela qual a análise termina. Talvez o fim não tivesse sido tão chocante se ele tivesse reconhecido que Dora tinha feito essa associação. Não surpreende que Dora deseje se vingar do pai, que ela ama, e mesmo assim a entregou ao marido de sua amante. Freud veio a representar o pai; e assim, sem aviso, ela encerra a análise: um jeito infalível de causar dor ao médico/pai! Honra seja feita, Freud recusa-se a deixar de lado o que esse caso poderia sugerir sobre sua prática, admitindo não ter identificado a ligação hostil a partir da qual Dora age com tanta energia. Antes que nos empolguemos demais, porém, é importante reconhecer que, embora algumas reflexões clínicas significativas derivem desse caso, Freud não escapou totalmente ileso de seu confronto com Dora. Na realidade, sob muitos aspectos, as consequências dessa análise bem podem ter limitado a capacidade de Freud de lidar adequadamente com os aspectos negativos da relação entre analista e paciente.

Sexo, fantasia e histeria

Deslocar a atenção da dimensão externa para a interna da experiência da paciente amplia a discussão sobre a relação entre o que poderíamos chamar de mundos "interno" e "externo" da experiência da histérica.

A relação manifesta-se de modo mais óbvio no papel desempenhado pelo sexo. Uma característica comum dos casos que Freud apresenta é a incapacidade da histérica de se sentir à vontade com o sexo "no mundo real". Isso não quer dizer, porém, que ela seja desprovida de desejo. Nas teorias psicanalíticas desenvolvidas depois de Freud, às vezes é feita uma distinção entre "*phantasy*", como desejo inconsciente, e "*fantasy*", como algo moldado no consciente, com que se brinca e que é ligado ao trabalho da imaginação e da criatividade. Na verdade, existe uma superposição parcial entre as duas, como os psicanalistas contemporâneos Jean Laplanche e Jean-Bertrand Pontalis indicaram. O que importa é que a "realidade" não é o único plano em que representamos nossa vida. Poderosas ligações imaginativas também moldam nossa experiência, e essas podem ser atividades das quais somos conscientes ou inconscientes. No caso de Dora, ligações inconscientes e fantasias sexuais se manifestam em seu corpo sob a forma de seus sintomas.

Depois de sofrer de apendicite, Dora não conseguia andar direito, arrastando a perna: um sintoma que seus médicos não conseguiam explicar. De início, Freud supõe (concordando com os médicos dela) que sua apendicite não seja um sintoma histérico. Ele fica menos convencido disso quando começa a fazer perguntas a Dora a esse respeito e de como a apendicite está relacionada ao fato de ela puxar de uma perna. Quando isso aconteceu? Nove meses depois de Dora ter sido abordada pelo sr. K. "Nove meses" sugere uma gravidez. Freud interpreta isso como uma indicação de que, apesar dos protestos de Dora em contrário, ela teria gostado de aceitar as investidas do sr. K. Se o tivesse feito, isso poderia ter levado às dores do parto, em vez das dores da apendicite. E que vínculo poderia haver com a perna manca? Freud pergunta se ela já tinha machucado a perna antes. Sim, na infância, quando torceu o tornozelo ao descer uma escada. Em outras palavras, ela tinha "pisado em falso", e o sintoma agora reflete sua decepção por não ter aceitado o sr. K. "No inconsciente, você deve ter lamentado o desfecho da cena" (Freud, 1905a: 104). Ao criar os sintomas da apendicite e da perna manca, Dora consegue representar os resultados do contato sexual que rejeitou.

O caso de Dora não é o único em que fica aparente o vínculo entre a fantasia sexual e o sintoma. Poderíamos voltar a Anna O., paciente de Breuer. Na época de seu tratamento, possíveis ligações entre seus sintomas e seus desejos sexuais não foram trabalhadas. Anos depois, Freud alega que essa foi uma falha significativa por parte de Breuer. Mais que isso, foi uma impossibilidade de abordar o terreno sexual que desvirtuou o relato de Breuer da análise. Nos *Estudos,* Breuer afirma que Anna obteve uma "cura definitiva" (Breuer e Freud, 1893-95: 47). Freud, porém, questiona essa afirmação, propondo que o final da análise foi prejudicado por uma transferência não identificada para com Breuer, transferência essa que era nitidamente de natureza sexual.

Eis a descrição de Freud do fim da análise de Anna. Breuer não percebeu que Anna estava apaixonada por ele; e fica horrorizado quando ela declara que está grávida dele. Anna não estava grávida; mas, escandalizado com a fantasia dela de uma relação com ele, Breuer encerra o tratamento. A revelação da força da identificação inconsciente que ela fez com ele foi demais para Breuer.

Se voltarmos à análise de Dora, como Breuer, Freud pode muito bem ter deixado de reconhecer o que estava acontecendo do ponto de vista da paciente, mas pelo menos ele tenta encarar o rescaldo de uma análise que fracassou. Se Breuer não conseguiu – ou não quis – lidar com a natureza sexual da percepção que Anna tinha dele, o interesse de Freud em trabalhar com as fantasias de Dora desloca o estudo da histeria explicitamente para o terreno sexual.

Embora a teoria posterior de analistas como Melanie Klein, por exemplo, afirme que todas as relações humanas estão sujeitas à interação entre fantasia e realidade, investigar a maneira específica com que a histérica habita o mundo da fantasia permite que se torne evidente o papel de forças inconscientes. Durante o período de 1881-82, as "ausências" de Anna O. – ocasiões em que ela fica totalmente desligada do mundo ao redor – envolvem a fantasia de reviver os acontecimentos de 1880-81 (Breuer e Freud, 1893-95: 33). O mundo "real" é rejeitado em prol do passado. Com a preferência por esse mundo de fantasia em detrimento do mundo real, não surpreende que algum tipo de transferência ocorra, tendo como alvo o médico; e é provável que essa transferência seja erótica. No caso de Dora, o desejo de vingança impulsiona seus atos, tanto na realidade como no contexto analítico. O amor e o ódio podem atuar na transferência, tornando-a um elemento poderoso (às vezes destrutivo) de uma análise, que nem sempre é fácil de identificar: fato corroborado pela conclusão do caso.

No caso de Dora

Freud pode voltar a atenção para o papel da fantasia nesse caso, mas isso não quer dizer que ele deixe totalmente de lado as circunstâncias da vida de Dora. Talvez o problema esteja em ele se concentrar demais na relação dela com o pai, em detrimento de uma análise suficiente de suas outras relações. Ele também interpreta essa relação pai/filha em termos da outra teoria que está desenvolvendo nesse período (ver Freud, 1900: 122-33, 256), que examinaremos de modo mais detalhado no próximo capítulo: o complexo de Édipo.

Ao examinar a família de Dora, Freud começa por mencionar "a costumeira atração sexual" (Freud, 1905a: 21) que existe entre pai e filha; e entre mãe e filho. Essa é uma descrição clara e sem rodeios da afirmação central do complexo de Édipo: a criança deseja o genitor do sexo oposto. Ao mesmo tempo, ele delineia a relação complexa entre Dora e o pai, sua amante e o marido dela, que também afeta as circunstâncias da paciente. Considerando as circunstâncias de Dora, é surpreendente que ele não recorra à teoria que moldou seu trabalho com Breuer. Naquela época, ele considerava que a histeria decorria de um trauma psíquico (Freud, 1905a: 26-7; também Freud, 1896). Se aplicada a esse caso, seria um passo relativamente fácil ver na tentativa de sedução por parte do sr. K. a causa dos sintomas histéricos de Dora. Mas Freud questiona a "simplicidade" desse diagnóstico. No caso de Dora, ele sente que há bons indícios de que a tentativa de sedução foi "insuficiente" para "determinar o caráter particular dos sintomas" (Freud, 1905a: 27). Afinal de contas, grande parte dos sintomas de Dora é muito anterior ao que aconteceu com o sr. K. Para encontrar uma solução, Freud conclui que precisa ter acesso ao território do inconsciente de Dora, e isso exige o uso da análise de sonhos.

No Capítulo 4, examinaremos como Freud considera que os sonhos permitem acesso ao inconsciente. Por ora, basta salientar que Freud vê os sonhos como uma das ferramentas mais poderosas para acessar o mundo oculto do inconsciente. Nos sonhos, desejos são revelados. Nos sonhos, é possível que aquilo que se tornou inconsciente escape aos processos do recalque (Freud, 1905a: 15). Como Freud observa numa carta a seu amigo Wilhelm Fliess em janeiro de 1899, isso tem uma vantagem especial quando se tenta compreender a histeria, pois "o segredo para entender a histeria... reside nos sonhos".

O que os sonhos de Dora insinuam sobre a natureza dos seus desejos inconscientes? Freud ressalta que dois dos sonhos dela dão alguma ideia da natureza das fantasias de Dora. O primeiro é curto e vai direto ao ponto, tendo recorrido ao longo de três noites após a tentativa de sedução por parte do sr. K.:

> Uma casa estava pegando fogo. Meu pai estava em pé ao lado da minha cama e me acordou. Eu me vesti depressa. Minha mãe quis parar para ir apanhar seu porta-joias; mas meu pai disse: "Eu me recuso a me deixar queimar com meus dois filhos por causa do seu porta-joias." Nós descemos a escada correndo; e, assim que cheguei lá fora, eu acordei (Freud, 1905a: 64).

Freud pede que Dora faça uma associação livre em torno do conteúdo do sonho. Trabalhando com suas associações, ele chega à seguinte interpretação (bastante ousada) do sonho. O porta-joias (um símbolo comum para os órgãos genitais femininos) não são da mãe, mas dela mesma. Ao oferecer resistência a seus sentimentos pelo sr. K., ela invocou seu antigo amor edipiano pelo pai. Interpretado dessa forma, o sonho faz a seguinte revelação:

> Você está pronta para dar ao sr. K. o que a mulher dele lhe recusa. Esse é o pensamento que precisa ser recalcado com tanta energia e que tornou necessário que todos os seus elementos sejam transformados no seu oposto (Freud, 1905a: 70).

Não surpreende que Dora rejeite essa interpretação. O segundo sonho é mais complicado e, como veremos, Freud deixa de examinar aquelas partes do sonho que estão relacionadas com ele. Eis o sonho como relatado por Dora:

> Eu perambulava por uma cidade que não conhecia. Via ruas e praças que me eram estranhas. Então entrei numa casa onde eu

morava, fui para meu quarto e encontrei lá uma carta da minha mãe. Ela escrevia dizendo que, como eu tinha saído de casa sem o conhecimento dos meus pais, ela não tinha querido me escrever para contar que meu pai estava doente. "Agora ele morreu, e você pode vir, se quiser." Fui então à estação e perguntei umas cem vezes: "Onde fica a estação?" E a resposta era sempre: "Cinco minutos." Vi então diante de mim um bosque fechado, onde entrei, e ali perguntei a um homem que encontrei. Ele me respondeu: "Mais duas horas e meia", e se ofereceu para me acompanhar. Mas eu recusei e segui sozinha. Eu via a estação à minha frente, porém não conseguia alcançá-la. Ao mesmo tempo, eu tinha a habitual sensação de angústia que se tem em sonhos quando não se consegue avançar. E então eu estava em casa. Passei pela portaria e perguntei pelo nosso apartamento. A criada abriu a porta e disse que minha mãe e os outros já estavam no cemitério (Freud, 1905a: 94).

De início, Freud enfoca as partes do sonho que sugerem o anseio de Dora por vingança: ela está morando longe da família; seu pai morreu. A morte do pai seria algo liberador, pois nesse caso ela poderia fazer o que bem entendesse. No entanto, o sonho também faz uma alusão mais direta, e Freud somente se dá conta disso quando é tarde demais e a análise já foi interrompida. Quando o sonho se refere a "mais duas horas e meia", Dora está dando um aviso a Freud de que ela pretende encerrar a análise. Ela de fato está dizendo que "só tem mais duas horas e meia *com Freud*". Dora tratou Freud como uma mulher da sua classe bem poderia tratar um criado: ela lhe deu um aviso prévio de uma quinzena (fato que nitidamente irritou o douto médico).

O choque de Freud é compreensível, até certo ponto. Ele acha que proporcionou a Dora espaço para contar sua história, já que não deu muito crédito às alegações do pai. Entretanto, Freud não escutou com atenção suficiente o que Dora tem a dizer. Lembrem-se da afirmação de Lacan de que a psicanálise é uma conversa entre dois interlocutores. Como estão envolvidos dois interlocutores, não surpreende que haja mal-entendidos e desequilíbrio. Freud pode prestar atenção à história de Dora, mas ele costuma usar o que ela diz para confirmar sua crença cada vez maior em ser o complexo de Édipo a experiência infantil fundamental que molda a sexualidade humana. Considerando-se essa obsessão, não é de admirar que Freud veja a relação de Dora com o pai como o fator mais importante para determinar as raízes da histeria: daí sua interpretação do primeiro sonho em termos da fantasia edipiana de Dora acerca do pai (Freud, 1905a: 86). Essa interpretação presta atenção insuficiente ao papel da mãe de Dora no sonho. Afinal de contas, o porta-joias da mãe está no centro do sonho. Essa imagem insinua algo importante sobre a identificação de Dora com as mulheres que a cercam: uma identificação que Freud, cada vez mais voltado para as figuras masculinas, relega às notas de pé de página do caso.

Negligenciar as relações femininas de Dora reflete a ênfase de Freud sobre o desenvolvimento sexual masculino. À medida que elabora suas ideias sobre o complexo de Édipo, Freud supõe, pelo menos nesse estágio de suas investigações, que essa ideia da atração sexual pode ser aplicada às mulheres tanto quanto aos homens, por meio de uma simples inversão. As mulheres querem eliminar a mãe, para tomar posse do pai (Freud, 1916--17: 333). Freud considera que Dora fornece bastantes provas para essa teoria. Por exemplo, ele classifica sua tosse nervosa como uma fantasia de sexo oral que a sra. K. faria com seu pai. Freud interpreta isso como uma identificação de Dora com a amante do pai, desse modo assumindo na fantasia o lugar de sua mãe, exatamente como a sra. K. fez na vida real (Freud, 1905a: 56). Posteriormente, Freud desenvolve uma explanação mais complexa do desenvolvimento sexual feminino. Para voltar à primeira identificação com a mãe, a menina precisa rejeitar o pai (Freud, 1924b). Para o pensamento posterior de Freud, essa rejeição tem por base o fracasso do pai de proporcionar um filho para a menina: esse filho funcionaria como um substituto do pênis que a menina acredita lhe faltar. A vingança de Dora contra o pai por tê-la decepcionado poderia, portanto, ser vista como algo alicerçado numa sensação de desapontamento semelhante.

O desejo de vingança contra o pai acaba por caracterizar a transferência que Dora cria para com Freud. À medida que se lê o estudo de caso, é interessante notar até que ponto ele subestima o poder da cólera de Dora. Não se pode duvidar de que ele esteja consciente, em certo grau, da raiva dela. Essa raiva possui uma qualidade purificadora – bem parecida com o fogo de uma fornalha – que resulta em que, quando Dora fala do caso extraconjugal do seu pai, não ocorra nenhuma das lacunas costumeiras em suas recordações. Ela é lúcida e franca. Enquanto Freud anota essas associações, o leitor obtém uma noção da justificável fúria de Dora por ser oferecida como um sacrifício sexual para facilitar o caso do pai (Freud, 1905a: 32). De fato, Freud concorda que ela tem razão por sentir rancor com o fato de ser usada dessa forma (Freud, 1905a: 34). Contudo, como tem a tendência a ver o desejo pelo amor do pai como o pano de fundo para esses sentimentos, Freud deixa de dar atenção suficiente à raiva de Dora. Ele chega a sugerir que, se o pai desistisse da sra. K. pelo bem da filha, fazendo com que Dora se sentisse vitoriosa, Dora estaria curada (Freud, 1905a: 42).

Subestimar sua hostilidade tem implicações sobre como Freud lida com a transferência que Dora faz para ele. Ele observa a associação que Dora manifesta entre ele e seu pai: Freud, o pai dela e o sr. K. são todos "fumantes inveterados" (Freud, 1905a: 73). Ele está propenso, porém, a interpretar essa identificação menos como um laço entre ele e o pai dela, e mais como um sinal de uma identificação entre ele e o sr. K. Exatamente como percebe que Dora se sente tentada pelo beijo do sr. K., também imagina que ela gostaria de um beijo dele mesmo (Freud, 1905a: 74). Na opinião de Freud, o sr. K. é uma figura romântica para Dora. Ela pode dirigir grande parte de sua raiva para seu suposto sedutor, mas sua ira mais profunda é voltada contra a traição do pai. A certa altura, Freud acredita ter conseguido que Dora admita que amava o sr. K. (Freud, 1905a: 104), porém esse é um momento ilusório. Ao concentrar a atenção na identificação do sr. K. como o amante desejado de Dora e ao se associar então a esse amante em perspectiva, Freud basicamente identifica o amor de transferência em atividade na relação de Dora com ele. Em outras palavras, o amor que Dora sente pelo sr. K. (ou pelo menos o amor que Freud identifica) é projetado sobre Freud na análise.

Essa ilusão bastante romântica dá alguma ideia dos pontos fracos do próprio Freud; nesse caso, enraizados em sua tendência a pensar sobre as mulheres dentro dos parâmetros burgueses da sua época. Numa carta a sua filha Mathilde, ele descreve as qualidades de uma boa esposa: "suavidade, alegria e o talento para tornar... a vida mais fácil e mais bela". Pensar nas mulheres dessa forma bastante idealizada pode ter contribuído para as dificuldades que ele tem para identificar a raiva, o ciúme e o ódio que impulsionam a histeria de Dora e suas motivações.

O ódio de transferência, mais profundo, somente é identificado quando a análise chega a sua conclusão prematura. Como vimos, Freud subsequentemente interpreta o segundo sonho de Dora como um anúncio de sua intenção de interromper a análise. Esse sonho força Freud a encarar a importância do desejo de vingança por parte de Dora. Sonhar com a morte do pai sugere "uma fantasia de vingança dirigida contra o pai" (Freud, 1905a: 110, nota de pé de página 1). Entretanto, à medida que avança, desatento, rumo ao fim da análise, Freud permanece cego para o fato de que Dora está obcecada pela vingança, insistindo em que o amor é o principal interesse dela. Confrontando Dora com seu amor constante pelo sr. K., ele observa com satisfação que "Dora já não contesta o fato" (Freud, 1905a: 104).

Somente na sessão final Freud percebe até que ponto o desejo dela de vingança determina suas relações. Tendo declarado que essa é a última sessão, ela passa a dizer aquilo que Freud não esteve disposto a ouvir. Em oposição às aparências, ela não se ofendeu com a tentativa de sedução por parte do sr. K. O que a ofendeu foi o conhecimento de que ele tinha seduzido a governanta da família K. de modo semelhante (Freud, 1905a: 106). O sr. K. realmente acreditou que ela seria tão vulgar a ponto de aceitá-lo como alguma criada inferior? Essa "traição" reverbera a traição mais profunda do pai. Nesse contexto, a transferência para Freud como amante mascara a transferência para Freud como pai. A vingança de Dora — efetivada pela rejeição a Freud — acertou o alvo: "Essa interrupção tão inesperada, exatamente quando estavam mais altas minhas esperanças de um encerramento bem-sucedido do tratamento, e ela com isso transformando aquelas esperanças em nada... esse foi um ato inconfundível de vingança por parte dela" (Freud, 1905a: 109).

O crítico literário Steven Marcus propõe que Freud teria uma fixação na possibilidade de um "final feliz" para Dora, no qual ela poderia aceitar o sr. K. e, com o tempo, casar-se com ele (Freud, 1905a: 107-8). Dora, porém, tem outro final em mente, um final que revela que a força do amor nem sempre supera a força do ódio. O desejo de vingança, manifestado no contexto analítico, recebe plena expressão alguns anos mais tarde, no mundo real. Um dos filhos dos K. morreu. Dora aproveita a oportunidade para lhes fazer uma visita, apresentar suas condolências e promover uma reconciliação. É esse ato de reconciliação que fornece o contexto para sua vingança. Ela diz à sra. K. que sabe do caso dela com seu pai; consegue fazer com que o sr. K. admita que de fato tentou seduzi-la; e enfrenta seu pai, instigando desse modo um rompimento com sua família (Freud, 1905a: 121). Freud ressalta que ela não volta a ver os K.

Nós bem podemos nos solidarizar com Dora. Ela assumiu o controle da situação e já não é um joguete passivo à mercê das maquinações dos outros. Existe, porém, um epílogo surpreendente, que indica um estado de coisas bem mais complexo. Ele também insinua que Freud não teria prestado atenção suficiente à relação entre Dora e a sra. K. Mesmo dentro dos parâmetros da descrição do caso por Freud, há detalhes que sugerem uma amizade profunda – talvez mais que isso – entre as duas mulheres, detalhes que Freud de modo singular deixa de examinar quando procura identificar os anseios inconscientes de Dora. Alguns anos mais tarde, Dora e a sra. K. voltam a se encontrar e se tornam parceiras de *bridge*. Esse ressurgimento da relação entre as duas dá a entender uma ligação mais profunda do que poderia imaginar Freud – com sua atenção fixa no estudo das relações edipianas heterossexuais. Eis como Lisa Appignanesi e John Forrester descrevem a relação recém-descoberta entre Dora e a sra. K.:

> É como se, com o passar dos anos, elas [Dora e a sra. K.] tivessem por fim dispensado os homens supérfluos que tinham anteriormente sido seus parceiros em seus complexos contratos e jogos sociais, mas tivessem mantido o amor por aqueles jogos cujo domínio reside no segredo da compreensão mútua de comunicações abertas, porém codificadas, entre quatro pessoas e através delas. [Dora], hábil em manter suas cartas em segredo, também sabia quando e como jogar sua mão. Só nos resta tentar adivinhar a complexidade dessa parceria em particular.

O fantasma de Dora: a histérica e a teoria psicanalítica

Se quiséssemos estudar somente as referências explícitas de Freud a Dora em sua obra posterior, poderíamos chegar à conclusão de que o fracasso dessa análise teve pouco impacto na elaboração de suas teorias. Não é esse o caso. Parece que Dora assombrava Freud: na realidade, seu último trabalho o mostra tratando da questão da possibilidade de chegar a haver uma análise "bem-sucedida" (no sentido de completa), o que indica que ele até o final ainda estava lutando com o mais famoso dos casos malsucedidos (Freud, 1937a).

Nos comentários de conclusão do caso de Dora, Freud faz algumas observações iniciais sobre a transferência (Freud, 1905a: 116-20) e retoma esse tema alguns anos mais tarde em seus ensaios teóricos sobre a técnica (Freud, 1912 e 1915a). Esses ensaios indicam modos significativos pelos quais sua relação com Dora influenciou seu pensamento sobre a natureza da transferência.

Em *A dinâmica da transferência* (1912), Freud começa ressaltando a transferência como uma forma de resistência por parte do paciente. Quando o paciente projeta no analista fortes desejos eróticos, a fonte desses sentimentos, nas relações mais antigas do paciente, pode permanecer oculta. O paciente está convencido de que seus sentimentos surgem em consequência da pessoa do analista, em vez de vê-los como repetições de apegos passados (Freud, 1912: 104). Tanto as formas eróticas de transferência como as hostis resistem à necessidade de usar a análise para lidar com o próprio passado e, em particular, com as identificações que moldaram nosso sentido do eu. Eu, por exemplo, poderia negar a necessidade de examinar o papel do meu pai no início da minha vida, bem como meus sentimentos por ele, preferindo criar fantasias sobre meu analista. Esses sentimentos poderiam parecer "reais", mas na prática eles servem para distrair a atenção do trabalho emocionalmente cansativo da análise. Fico empolgada com a paixão de uma "gamação", em vez de trabalhar com os sentimentos difíceis que tenho para com meu pai. A noção da transferência como distração sugere que não se pode derivar nada de positivo dessas projeções de emoções. Freud observa, porém, que uma transferência positiva para o analista pode ajudar no tratamento. Sentimentos de "compreensão, amizade, confiança e semelhantes" (Freud, 1912: 105) podem beneficiar a análise.

Aparentemente, a relação de Freud com Dora carecia dessas emoções, e não apenas por parte dela. Se Dora procura exercer sua vingança sobre Freud, não apenas no fim da análise, mas rejeitando com persistência suas interpretações (Freud, 1905a: 58), Freud demonstra uma antipatia semelhante pela jovem paciente. Ele quase dispensa o caso de imediato e salienta que "sem dúvida já foram publicados casos de histeria mais interessantes" (Freud, 1905a: 24). Subjacente a essa afirmação bastante categórica e impessoal está o fato de que ele a considera enfadonha. Em outro trecho, ele não ameniza sua avaliação: as queixas de Dora acerca do pai têm "uma monotonia cansativa" (Freud, 1905a: 46). Esse comentário parece cruel, dadas as circunstâncias: um pai ofereceu a filha como parceira sexual ao marido da sua amante. À luz desse fato estarrecedor, as repetidas queixas de Dora parecem mais do que justificadas.

Charles Bernheimer extrai sentido da antipatia de Freud, por meio de outro conceito psicanalítico. Bernheimer sustenta que ela sugere "uma contratransferência de forte ambivalência". Se a "transferência" se refere às projeções feitas pelo paciente sobre a pessoa do analista, a "contratransferência" define as projeções feitas pelo analista sobre o paciente. Bernheimer afirma que a aparente bissexualidade de Dora, evidenciada nos sentimentos pela sra. K., que Freud desconsidera de modo tão resoluto, confronta Freud com os componentes homoeróticos não resolvidos de sua relação com o amigo afastado Wilhelm Fliess. Estamos de volta à centralidade da relação entre analista e paciente. Ela nunca é unilateral. Exatamente como os desejos não resolvidos do paciente são trazidos à tona no contexto analítico, também as próprias questões não resolvidas do analista podem manifestar-se na análise.

Isso indica parte da complexidade da terapia analítica. De modo significativo, o consultório em que se realiza a análise nem sempre é um lugar onde analista e paciente possam se encontrar e formar uma aliança que possibilite o tratamento. Com a mesma facilidade, ele pode ser um lugar definido pelo conflito entre as duas partes.

Apesar de Freud reconhecer a possibilidade do conflito, nessas reflexões teóricas iniciais pouca referência é feita ao tipo de transferência negativa ou hostil que definiu o caso de Dora. Freud registra que esse fenômeno "merece um exame detalhado" (Freud, 1912: 106), mas não se encarrega dele. James Strachey, o organizador da *Standard Edition* das obras de Freud, enquanto salienta a possibilidade de uma transferência negativa, tece o seguinte comentário: "é difícil encontrar qualquer outro exame explícito do tema nas obras publicadas de Freud" (Freud, 1915a: 161a).

Parece estranho. Afinal, a ideia do conflito vem a determinar outros aspectos do pensamento posterior de Freud, notadamente quando ele formula a ideia de uma batalha cósmica entre Eros e a Morte. Contudo, ele tem pouca vontade de se dedicar à forma hostil que a transferência assume no combate encarniçado com o inconsciente de Dora. É isso o que torna o seu caso tão interessante. Ela influencia a teoria de Freud, mas a certa distância. Essa distância é necessária, caso se queira que as questões que ela levanta sejam abordadas com segurança. Lidar com o fantasma de Dora pode ser perturbador. Embora sem dúvida seja menos problemático do que enfrentar uma garota de 16 anos zangada, ferida e traída, ainda permanece uma sensação de que Freud não está inteiramente à vontade com os fenômenos com que deparou naquela análise.

A histeria e o animal humano

As experiências de Freud no trabalho com a histeria – tanto as positivas como as negativas – ajudam a desenvolver suas teorias crescentes sobre a prática clínica, além de sua investigação sobre as poderosas forças psíquicas enfrentadas no contexto analítico.

Entretanto, a histérica também ocupa um lugar importantíssimo no entendimento mais geral de Freud sobre o que significa ser humano.

Os processos que determinam de que modo a histérica lida com seu mundo revelam muito sobre como todos os seres humanos – não apenas os doentes – se adaptam ao seu ambiente. A histérica ocupa um lugar importante nas especulações mais gerais de Freud sobre o que é ser humano. Ele pode ser um médico dedicado a trazer indivíduos de volta à saúde, mas isso não quer dizer que considere a doença mental algo afastado do contexto mais amplo das atividades que fazem de nós seres humanos. No mínimo, ele procura derrubar qualquer distinção simplista entre o comportamento "normal" e o "anormal". Nas suas palavras, "toda pessoa normal, na realidade, só é normal na média. Seu ego se aproxima do ego do psicótico em algum ponto ou outro e num grau maior ou menor" (Freud, 1937a: 235). Entrar no mundo da histeria permite a investigação das diferentes estratégias que os seres humanos adotam para estruturar seu mundo. Os extremos da experiência da histérica – manifestados nos sintomas que apontam para a tentativa de controlar e regular seu ambiente – são reproduzidos, em menor escala, nos padrões e esforços que determinam a experiência humana comum.

Em suas reflexões sobre a histeria e suas diferentes manifestações históricas e culturais, o psicanalista contemporâneo Christopher Bollas faz a seguinte observação:

> São muitas as maneiras – o esgotamento nervoso no século XIX, a fadiga no século XX – pelas quais a histeria indica problemas com o corpo. Ela impõe o indesejado, e a reação à invasão do eu pelo corpo varia de uma indiferença irritada a um rancor paranoico.

Como a experiência humana não pertence simplesmente ao corpo, mas também envolve a capacidade de refletir, o corpo pode ser vivenciado como algo isolado do eu. E não é somente o paciente histérico que sofre "problemas com o corpo". Muitas pessoas que conseguem funcionar razoavelmente bem no mundo também vivenciam problemas de distorção da imagem de si mesmas, de medo da morte ou de doenças, da sensação de que o mundo físico não é um lugar confortável para se estar. A "doença" da histérica não pode ser totalmente dissociada das preocupações normais de seres humanos aparentemente saudáveis.

Se estendermos essa discussão para incluir uma série de comportamentos neuróticos que apresentam alguma ligação com motivações e preocupações aparentemente "normais", teremos uma melhor noção dessa ligação. Na neurose obsessiva (termo de Freud para o que agora chamamos de "transtorno obsessivo-compulsivo"), o desejo de controlar o desregramento do mundo exterior por meio de rituais impostos a si mesmo permite que o paciente se sinta seguro. Mas, antes de descartarmos o paciente como "louco" ou "perturbado", talvez fosse bom notar que o desejo de se sentir seguro é refletido na necessidade amplamente disseminada de objetos que trazem sorte ou em comportamentos supersticiosos, como o de bater na madeira. A questão de como se sentir seguro no mundo é importante para os doentes e para os saudáveis, para os que conseguem funcionar no mundo e para os que não conseguem.

É claro que isso não quer dizer que o paciente histérico ou o neurótico obsessivo possa ser entendido exatamente da mesma forma que alguém que funciona bem no mundo. É evidente que essa conclusão seria por demais forçada. O fato de que os pacientes de Freud não conseguem levar vidas plenas é a razão principal que os traz ao consultório. A preocupação de Freud, quando trabalha com eles, é a do médico: como produzir algum tipo de cura. Mas vale a pena refletir sobre como ele expressa esse objetivo. Ele procura ajudá-los a transformar sua "aflição histérica numa infelicidade comum" (Breuer e Freud, 1893-95: 305). É um comentário fascinante, ao qual retornaremos mais adiante.

Examinemos a ligação entre essas duas palavras: "aflição" e "infelicidade". A primeira é uma versão mais extrema da segunda, mas está associada à opinião geral de Freud do que é ser humano. O animal humano nunca pode estar totalmente feliz ou satisfeito. Tudo o que podemos almejar é a insatisfação banal que descreve a sina comum da humanidade. Segundo a famosa observação de Thoreau, "todos os homens levam vidas de mudo desespero" [sic]*. O trabalho clínico de Freud confere certo peso a essa análise bastante pessimista.

Pode ser, porém, que não gostemos dessa ideia. Vamos então nos empenhar um pouco mais com ela. O animal humano nunca está satisfeito porque, diferentemente dos animais seus parentes, ele não se sente à vontade no seu ambiente. A sociedade humana baseia-se na necessidade de viver em comunidades, para sobreviver à hostilidade do mundo em que nos encontramos. O indivíduo isolado não poderia sobreviver num mundo desses. Mas a proteção da sociedade tem seu preço: os impulsos instintivos do sexo e da agressividade devem ser sublimados e controlados se quisermos viver juntos. A civilização nos oferece muito, mas nós também perdemos essas liberdades instintivas e básicas. O desejo nem sempre pode ser expresso com liberdade. O animal humano é forçado, portanto, a lutar com os estresses e insatisfações dessa restrição.

O recalque de desejos básicos é uma característica fundamental do entendimento de Freud dos processos mentais. O inconsciente é o repositório desses recalques. Na histeria, soluções inadequadas para os problemas do desejo sexual e a ameaça ao eu proveniente do "pensamento inaceitável" definem a formação de sintomas. No entanto, a distinção entre o paciente

---

* O texto citado de Thoreau não diz "todos os homens" [all men], mas "a grande maioria dos homens" [the mass of men]. (N. da T.)

histérico e outras pessoas é uma distinção de grau. Os não históricos engendraram outros meios, mais ou menos adequados, para lidar com seus desejos, meios que lhes permitem viver no mundo. Eles podem, por exemplo, ter sublimado esses sentimentos transformando-os em criatividade, religiosidade ou filosofia (Freud, 1930: 78-85). Mas todos nós precisamos trabalhar com nossos desejos e com o desregramento que os acompanha. Ser humano é lutar na busca de modos apropriados para contrabalançar nossos desejos com as exigências da vida em sociedade.

A sublimação do desejo que o transforma em criatividade é especialmente importante para pensar na forma pela qual a infelicidade da condição humana poderia até certo ponto ser superada ou, no mínimo, tornada mais controlável. Ela também fornece mais uma ligação entre a experiência do paciente histérico e outras atividades humanas. Os estudos de caso revelam o papel que a fantasia desempenha na vida da histérica. Anna O. faz referência a seu "teatro particular", um mundo de devaneios que, às vezes, a ocupa totalmente (Breuer e Freud, 1893-5: 22).

A relação entre fantasia e realidade é complexa no pensamento psicanalítico. Em *Formulações sobre os dois princípios do funcionamento mental* (1911), Freud afirma que a função mental mais básica é relacionada ao inconsciente e às fantasias que os bebês criam quando deparam pela primeira vez com o mundo exterior. Freud inclina-se a ver essas fantasias iniciais como tentativas de maximizar o prazer. Ele propõe que a criança tem uma alucinação com a presença do seio ausente (manifestada pelo movimento de sugar quando o seio é retirado) para reduzir a dor da ausência da mãe (Freud, 1911: 219 nota 4). Esse tipo de alucinação não lhe traz satisfação, porém, e é essa decepção que contribui para o desenvolvimento de um segundo princípio mental, que trata da realidade: as fantasias precisam ser verificadas em comparação com a experiência do mundo externo.

É claro que seria um erro viver somente no mundo da fantasia. Freud registra que, "se as fantasias se tornarem exuberantes demais e poderosas demais, estarão prontas as condições para o surgimento da neurose ou da psicose" (Freud, 1908a [1907]: 148). Isso se aplica nitidamente ao caso de Anna O. Entretanto, Freud também percebe que esse tipo de fantasia – brincar com ideias na imaginação – é comum a todos: "a maioria das pessoas constrói fantasias em certas ocasiões na vida" (Freud, 1908a [1907]: 145). Mais do que isso, é a disposição de lidar com nossas fantasias que forma o alicerce da criatividade artística humana.

Quando Freud se volta para as fontes da criatividade, ele associa o escritor criativo ao mundo perdido da infância. O escritor criativo é como a criança que brinca: o escritor "cria um mundo de fantasia que ele leva muito a sério – ou seja, em que ele investe grande quantidade de emoção" (Freud, 1908a [1907]: 144). Freud insiste nessa ligação: "toda criança que brinca comporta-se como um escritor criativo, na medida em que cria um mundo só seu ou melhor, em que reorganiza as coisas do seu mundo de um modo que seja do seu agrado" (Freud, 1908a [1907]: 143-4). Isso traz à lembrança a forte atração que o mundo fantástico tem para a histérica, embora não fique imediatamente óbvio se ele é "do agrado dela" da mesma forma exata. O que essas diferentes perspectivas sugerem é um desejo semelhante de moldar o mundo segundo nossa vontade. Em todos esses casos, o que está sendo tentado é a construção de uma visão da realidade; uma visão que faz com que o indivíduo se sinta seguro num universo ameaçador e imprevisível. Logo, existe um vínculo entre, de um lado, a criatividade da histérica que está procurando um meio de fazer sentido do seu mundo e dos seus desejos e, do outro, as estratégias que alguém que não sofre de histeria aplica à construção de sua própria vida. O animal humano é capaz de criar coisas de verdadeira beleza; e, nas fantasias da histérica – manifestadas no seu corpo –, um processo criativo semelhante está em atuação. A linha entre a saúde e a doença é uma continuidade com a qual Freud está disposto a trabalhar. À medida que desenvolve seu entendimento da humanidade, ele tem interesse especial em examinar o que pode ser aprendido com aquelas pessoas que se esforçam para fazer sentido dos seus sentimentos e da sua vida.

Associar os processos de pensamento dos "doentes" aos dos "saudáveis" tem importância particular quando estudamos a teoria da sexualidade de Freud. Como vimos, a "solução" do caso de Dora, para Freud, envolvia salientar o desejo dela de ocupar o lugar tanto da mãe como da sra. K. no afeto do seu pai. Se aceitarmos as conclusões de Freud, talvez vejamos que um desejo desses ressaltaria o alcance da doença de Dora. Mas Freud não está preparado para ver essas fantasias aparentemente pervertidas e esses desejos incestuosos simplesmente como uma característica da histeria e, portanto, algo decorrente da doença. Ele prefere propor que esses desejos inconscientes são universais. Em consequência disso, ele coloca o complexo de Édipo no centro de sua teoria da sexualidade humana.

3
Édipo e a sexualidade

A figura da histérica está no cerne do desenvolvimento da psicanálise. Sua teoria – tanto da doença mental quanto do que significa ser humano – é moldada pelo que vem à tona a partir dessas conversas terapêuticas. E, exatamente como a histérica é essencial para a compreensão do desenvolvimento de suas ideias, também sua explanação da sexualidade não pode ser entendida sem que se faça referência à figura de Édipo.

O uso por Freud de um personagem ficcional para formular sua teoria diz muito a respeito de como ele entende a natureza do desenvolvimento sexual. A sexualidade é dinâmica. Ela não surge já pronta. Não está vinculada apenas ao que poderíamos considerar ser a atração da vida instintiva. A sexualidade humana é formada ao longo de uma série de fases, cada uma das quais Freud associa à experiência do prazer. Ela começa com o prazer da sucção (a fase oral), passa então para a retenção e liberação das fezes (fase anal), antes de chegar às experiências ligadas aos órgãos genitais (fase fálica). Cada uma dessas fases conduz o indivíduo da infância à vida adulta, mas nenhuma delas pode ser compreendida simplesmente em termos de processos corporais. A teoria de Freud é de ordem psicossexual. Isso quer dizer que as experiências sexuais não são redutíveis a sensações corporais, mas são acompanhadas de fantasias poderosas. Dominadas pelas forças do recalque, nossas primeiras fantasias podem ter sido expulsas da mente, parecendo ter sido esquecidas, mas elas continuam a desempenhar um papel fortíssimo em como levamos nossa vida.

Constatamos isso na descrição que Freud faz de duas formas segundo as quais o desejo pode se estruturar. Poderíamos adotar o que ele chama de modelo "anaclítico" para o desejo. Isso significa que os objetos do nosso amor representam aquelas pessoas de quem dependíamos quando crianças. Ou poderíamos adotar o modelo "narcísico" para o desejo. Segundo esse modelo, os objetos do nosso amor se assemelham à imagem que temos de nós mesmos. Qualquer caminho que sigamos, a formação da sexualidade envolve a repetição das nossas histórias individuais de amor e desenvolvimento. Os instintos animais não são o único fator no curso da sexualidade.

É com esse pano de fundo que o uso de Freud de uma história antiga se desenrola. A história que ele escolhe para moldar e ilustrar sua teoria é perturbadora, extraída do teatro grego clássico. Na peça de Sófocles, *Édipo rei,* Édipo sem saber casou com a mãe e matou o pai. Uma ideia, no mínimo, desnorteante, que Freud torna ainda mais desnorteante. Em vez de ver no destino de Édipo uma aberração horrorizante – e individual –, Freud considera que ela expressa os desejos há muito esquecidos da criança, que acompanham e definem o desenvolvimento sexual do indivíduo. Entre os três e os cinco anos de idade, toda criança precisa enfrentar o que veio a ser chamado de "complexo de Édipo", no qual, como o rei grego, ela quer se ver livre do genitor do mesmo sexo para tomar posse do genitor do sexo oposto.

Essa proposição continua a ser alvo de controvérsias. Freud admitia que para muitos ela tornaria a psicanálise inaceitável (Freud, 1905b: 226n). O complexo caracteriza e molda outra proposição igualmente espantosa: as crianças são seres sexuais. Deveríamos ter cuidado ao interpretar essa noção, já que ela deve sempre ser vista no contexto da asserção de Freud de que o sexo nunca trata apenas de atos genitais, mas também da imaginação. Nas mãos de Freud, a história de Édipo torna-se um meio poderoso – e adaptável – de desbravar e mapear o desenvolvimento da sexualidade humana.

Freud e Édipo

Por que Freud associa sua explanação da sexualidade à história de Édipo? Usar um trecho dramático parece contrariar totalmente o embasamento científico que ele deseja fornecer para sua teoria incipiente. No entanto, à medida que procura mapear a ideia do inconsciente, Freud percebe simplesmente como é difícil apresentar provas empíricas de processos inconscientes. Por sua própria natureza, não se pode ter acesso direto ao inconsciente. Só o vemos como por um espelho, de modo obscuro. Os métodos para entender forças expulsas da consciência serão necessariamente muito diferentes dos métodos empregados pela ciência empírica.

Quando Freud usa Édipo, ele chama a atenção para o vigor constante desse relato. É uma história de horror, sangue, violência e incesto. Ela tem um desfecho estarrecedor; pois, ao descobrir o que fez, Édipo perfura os próprios olhos. A mera repulsa causada pelo enredo deveria tornar quase impossível assistir à peça, mas ela vem sendo apresentada constantemente ao longo de 2 mil anos. Freud sente interesse por detectar o que produz a continuidade do fascínio por Édipo. Sua resposta é simples. A história é fascinante porque fala diretamente a cada um de nós:

> A lenda grega vale-se de uma compulsão que todos reconhecem porque cada um sente sua existência dentro de si mesmo. Cada membro da plateia foi um dia, em semente e na fantasia, tal e qual esse Édipo; e cada um se encolhe cheio de horror diante da realização do sonho, ali transplantado para a realidade, com toda a cota de recalque que separa o estado da infância de seu estado presente (Freud, 1897: 265).

A proposição altamente controversa de Freud diz que todos nós já tivemos os desejos assassinos e sexuais de Édipo. A mistura peculiar de repulsa e fascinação sentida quando deparamos com a história representa o que Freud chama de "retorno do recalcado" (Freud, 1919: 249). A peça tem poder porque faz despertar desejos dos quais há muito tempo nos esquecemos e que preferiríamos manter no esquecimento. No drama, podemos vivenciar com segurança os desejos de nossos primeiros anos; desejos que refletem nossas primeiras relações com nossos pais. No cerne da história de Édipo está aquilo que Freud vê como os desejos incestuosos comuns à infância. Ele sugere que as proibições contra o incesto em todas as culturas só fazem sentido, se esse ato aparentemente repulsivo fosse algo que, em algum momento, todos quiséssemos fazer. Se não o tivéssemos desejado, não teríamos necessidade de proibi-lo.

Freud menciona Édipo pela primeira vez numa carta para seu grande amigo Wilhelm Fliess, escrita no dia 15 de outubro de 1897, algum tempo antes da publicação dos *Estudos sobre a histeria*. Freud está no meio de sua autoanálise. Se os *Estudos* revelam as difíceis relações em família e os desejos inaceitáveis (muitas vezes envolvendo um genitor) que resultaram nas doenças de seus pacientes neuróticos, Freud observa que sua autoinvestigação o levou a identificar desejos semelhantes:

> Ser totalmente honesto consigo mesmo é uma boa prática. Um único pensamento de valor geral foi-me revelado. Descobri, também em meu caso, o apaixonamento pela mãe e o ciúme do pai; e agora considero que esse é um acontecimento universal do início da infância (Freud, 1897: 265).

Embora Freud não use a ideia de um "complexo" a essa altura, ele está decidido a negar que esses sentimentos resultem de alguma idiossincrasia em sua personalidade. Ele quer passar da ideia de que isso reflita sua psique para uma visão de que sentimentos desse tipo são uma característica universal do desenvolvimento humano. Trata-se de um salto e tanto. É claro que

Freud terá de fornecer provas que corroborem um passo desses, se quiser que seus leitores concordem com ele.

Em sua primeira discussão ampla do complexo de Édipo, em *A interpretação dos sonhos* (1900), Freud tenta apresentar provas chamando a atenção para sonhos com a morte do genitor do mesmo sexo. A essa altura na sua argumentação, ele afirma que todos os sonhos podem ser interpretados como expressões dos desejos do sonhador. No sonho, desejos são realizados (Freud, 1900: 122-33). Vistos desse modo, os sonhos com a morte são extremamente chocantes, pois insinuam que em algum momento nós desejamos a morte do genitor de nosso sexo: desejo que o sonho está realizando.

Freud vai mais longe: sonhos dessa natureza expressam não apenas a hostilidade, mas também as primeiras preferências sexuais da criança. Nessa etapa, ele formula o complexo em termos bastante simples: desejo pelo genitor do sexo oposto; hostilidade para com o genitor do mesmo sexo. Mais tarde, surge uma teoria mais complexa, que permite que uma série de atitudes se desenvolva para com nossos genitores, atitudes a serem vivenciadas e então substituídas. A essa altura, porém, Freud está elaborando os mecanismos essenciais do complexo. Sonhos com a morte dão exemplos, afirma ele, da rivalidade e do desejo que moldam a relação da criança com os pais. É "como se os meninos encarassem o pai e as meninas a mãe como seus rivais no amor, rivais cuja eliminação não poderia deixar de lhes ser proveitosa" (Freud, 1900: 256). "O proveito" reside em ocupar o lugar do genitor que foi eliminado; exatamente como na história de Édipo, matar o pai, Laio, permite que Édipo se case com Jocasta, a mãe, embora isso não seja de seu conhecimento.

Que crianças nutram esse tipo de desejo assassino parece forçado. Não só isso, a ideia contraria as crenças mais arraigadas sobre a inocência das crianças. Freud admite que haverá resistência a esse tipo de ideia não palatável e tenta convencer o leitor com o fornecimento de mais provas. Se duvidarmos da possibilidade de crianças nutrirem os sentimentos que ele indica, Freud nos pedirá que escutemos o que elas dizem:

> Uma menina bastante talentosa e vivaz de quatro anos, em quem esse aspecto da psicologia infantil é especialmente transparente, declarou com total franqueza: "Agora Mamãe pode ir embora. E então Papai vai se casar comigo e eu vou ser sua mulher." Um desejo desses numa criança não é nem um pouco incongruente com o fato de ela ter uma ligação carinhosa com a mãe (Freud, 1900: 258).

Freud logo explica o que o desejo da morte significa nesse contexto. O que é desejado é a ausência do genitor do mesmo sexo, o que permitiria à criança ocupar o lugar desse genitor. A morte, para as crianças, está associada à ausência, em vez de à aniquilação. Contudo, como Freud observa, o efeito é o mesmo: "'os mortos'... estão sempre longe e nunca voltam" (Freud, 1900: 258).

Podemos continuar não convencidos por essas provas de natureza isolada. Elas são aleatórias; não são nem um pouco metódicas. Mais que isso, uma coisa é dizer que as crianças aspiram a uma vida adulta –, e nas famílias nucleares da sociedade ocidental, o casamento pode ser visto como um ponto marcante dessa experiência adulta – mas é outra coisa, muito diferente, alegar que elas desejam sexualmente seu genitor. Freud não se deixa abater; ele insiste, recorrendo a material clínico proveniente das experiências de seus pacientes. Freud declarou que vários de seus pacientes afirmavam ter sido seduzidos quando crianças, muitas vezes por um genitor. De início, ele aceita essas alegações sem questioná-las; mas, à medida que desenvolve sua teoria, ele passa a sentir menos convicção, principalmente porque, se elas fossem verdadeiras, a impressão seria a de que existe uma epidemia de abuso sexual infantil. Em vez de aceitar essa ideia, ele propõe que esses desejos expressam basicamente experiências psíquicas, não realidades empíricas.

Embora Freud vincule a fantasia da sedução à doença neurótica, ele não afirma que somente os neuróticos sintam esses desejos. Todos nós vivenciamos desejos semelhantes. Freud pretende chamar nossa atenção para o modo pelo qual os instintos sexuais se manifestam tanto no corpo como no terreno mental. A energia associada ao desejo sexual – a libido – tem de ser expressa de alguma forma. A diferença entre a pessoa aparentemente saudável e o neurótico está no fato de que a doença do neurótico emana de sua incapacidade para resolver adequadamente as tensões e vontades que definem seus desejos. Vimos parte do que isso significa na vida das histéricas. O que acontece se os desejos do complexo de Édipo não são resolvidos? O que acontece se a criança não descolou seus desejos dos "seus" pais, para tornar-se parte da comunidade social mais ampla? Se ocorrer uma falha desse tipo,

> [o] filho passa a vida inteira curvado sob a autoridade do pai... incapaz de transferir sua libido para um objeto sexual externo. Com a relação invertida, o mesmo destino pode aguardar a filha. Nesse sentido, o complexo de Édipo pode justificadamente ser considerado o núcleo das neuroses (Freud, 1916-17: 337).

Freud acredita ter encontrado um bom exemplo dessa possibilidade num paciente conhecido como "o Homem dos Ratos" (identificado por muitos comentadores como Ernst Lanzer). Freud afirma que o que determina o contorno da doença do Homem dos Ratos é sua incapacidade para admitir seus desejos assassinos para com seu pai. Para abrandar seus sentimentos de angústia, ele engendrou uma série de rituais que precisam ser cumpridos. Essa "neurose obsessiva" vem limitando sua capacidade de agir no mundo. Ele está paralisado, impossibilitado de viver de modo gratificante.

No cerne de sua doença debilitante, Freud identifica um pensamento "inaceitável" que o Homem dos Ratos teve quando de sua primeira relação sexual: "É maravilhoso! Para obter isso, um homem poderia matar o próprio pai!" (Freud, 1909b: 201). Em vez de enfrentar os sentimentos ambivalentes que esse pensamento revela acerca de seu pai, ele procurou abafá-lo. A consequência é que agora ele teme o que possa acontecer com seu pai e sua família nas mãos de um mundo hostil e elaborou uma série de rituais para lidar com esses temores. (O medo avassalador que o domina, e que lhe dá o pseudônimo, envolve uma lendária técnica de tortura chinesa, que ele acredita que atingirá seus entes queridos se ele não agir desse modo altamente regulamentado e ritualizado. Nessa tortura, um vaso contendo ratos é amarrado às nádegas da vítima. Para escapar, os ratos precisam abrir passagem roendo o ânus da vítima.) Por trás dessa visão do mundo como um lugar hostil está a incapacidade do Homem dos Ratos de reconhecer e aceitar seus sentimentos ocultos de ódio para com o pai. Projetados para fora, esses sentimentos acabam deformando sua visão do mundo de um modo que lhe torna impossível viver a vida.

Embora uma resolução insuficiente do complexo esteja na raiz da doença neurótica – e daqui a pouco teremos muito mais a discutir sobre a "resolução" do complexo –, Freud não quer que seu leitor se concentre demais na experiência do neurótico. Ele não quer que o complexo seja entendido basicamente como um traço da experiência de vida dos mentalmente enfermos. Em vez disso, sua resolução é uma tarefa que todos precisam encarar (Freud, 1916-17: 337).

Se estamos preparados ou não para aceitar a teoria de Freud, depende em grande parte da nossa reação à história de Édipo. Será que ela exerce sobre nós tanto fascínio e repulsa quanto exercia sobre Freud? Se investigarmos rigorosamente nossas lembranças da infância, será que encontraremos provas que corroborem a alegação dele de que em algum momento quisemos ocupar o lugar do genitor do mesmo sexo? Uma corroboração dessas – se a encontrarmos – é subjetiva por natureza. Isso enfraquece bastante a base para aceitação do complexo. Na realidade, boa parte da argumentação de Freud tem por fundamento "provas" colhidas a partir de sua autoanálise. Ao mesmo tempo, ele recorre às experiências de seus pacientes que sofrem de diversas formas de doença mental. Fontes dessa natureza não parecem nem um pouco convincentes, em particular se Freud deseja que encaremos o complexo como uma característica universal da vida humana.

Uma das primeiras críticas, feita pelo antropólogo Bronislaw Malinowski, ressalta o problema de fazer a transposição do complexo como algo individual para algo universal. Malinowski sustenta que o máximo que se pode dizer do complexo é que ele talvez derive de um modo específico de organizar relações numa época específica na história ocidental. Ele reflete a estrutura da família nuclear, mas não pode ser aplicado a sociedades que estruturam a vida familiar e social de modos diferentes. O problema de Freud é que ele quer que o complexo seja universal, quando não há nenhuma comprovação de que seja.

Os comentários de Malinowski sugerem que a teoria será inevitavelmente limitada em sua abrangência. Mas talvez a crítica deixe de lado o modo de Freud usar a história de Édipo. Às vezes ele força a aplicação e a interpretação da história quase ao seu limite. Isso dá a entender que ela é menos um meio para denotar um conjunto específico de teorias comprovadas, mas, sim, um impulsionador criativo de seu pensamento. Ela sustenta não só sua explanação diferenciada do desenvolvimento sexual individual, mas também as forças que moldam as estruturas sociais humanas.

A forma mutante do complexo de Édipo

Quando Freud descreve a sexualidade humana, ele o faz tendo como pano de fundo as primeiras relações da criança. Nossos desejos e temores referentes aos nossos pais nos primeiros anos de vida determinam nossa personalidade e nossos relacionamentos. O sexo, em si, nunca é alguma coisa que acontece só entre duas pessoas, porque nós trazemos esses desejos e temores – embora inconscientes – para nossos relacionamentos adultos. Quando fazemos sexo, sempre há seis pessoas no quarto: o casal e os dois casais de genitores.

Considerar uma história emblemática dessa experiência cambiante proporciona maleabilidade à forma de lidar com a experiência psíquica do sexo. O sexo envolve atos físicos que se realizam no cenário das fantasias que cada parceiro tem acerca desses atos; fantasias moldadas pelas primeiras experiências de cada parceiro com seus pais. Da mesma forma que histórias podem ser interpretadas de maneiras diversas, com partes distintas da história atraindo nossa imaginação em ocasiões diferentes, também, em pontos diferentes do desenvolvimento da teoria da sexualidade de Freud, maneiras diferentes de formular a história de Édipo ganham proeminência. Em nenhum trecho isso fica mais evidente do que quando Freud volta a atenção para o desenvolvimento sexual feminino.

O estudo da sexualidade feminina por parte de Freud desdobra-se à medida que ele trata da questão de como o complexo é resolvido. Como passamos do desejo da infância para o mundo das relações sexuais adultas? De início, Freud parte do pressuposto de que uma explanação da sexualidade do bebê possa deixar de lado o gênero como parte da natureza dos seres humanos. Como é tão frequente, os teóricos do sexo masculino não dão atenção à experiência feminina e fazem uma identificação direta entre "o homem" e "o humano". Freud não é diferente: quando descreve os detalhes intricados do complexo, que precisam ser transpostos da infância à maturidade, ele o faz basicamente por meio do exame do complexo no menino. Uma vez que tenha mapeado esses apegos inconstantes, ele então aplica sua teoria (de modo bastante desajeitado) às meninas (Freud, 1916-17: 333).

O complexo de Édipo vai se desenvolvendo lado a lado com seu modelo de desenvolvimento sexual por fases. Como o desenvolvimento sexual implica fases, o resultado desse processo nunca é previsível. Sempre há a possibilidade de grave perturbação: fases podem se sobrepor, e é possível que um indivíduo fique paralisado numa fase que influencie sua escolha posterior da prática ou do objeto sexual. Eu poderia, por exemplo, me manter fiel aos prazeres da sucção que denotam a fase oral e limitar minhas experiências sexuais ao sexo oral, em detrimento do sexo genital. Acompanhar o desenvolvimento sexual dessa maneira sugere que a meta final do desenvolvimento sexual é a reprodução, uma suposição que parece contradizer a expansão por parte de Freud do conceito de que a sexualidade humana envolve muito mais do que a atividade genital. É essa a tensão que se encontra subjacente à sua explanação do complexo de Édipo, à medida que ela muda e se desenvolve.

Como Freud entende o complexo do menino e que problemas isso representa quando ele tenta relacionar a experiência masculina com a feminina? O complexo de Édipo surge durante a fase fálica do desenvolvimento. A essa altura, os prazeres da masturbação estão sendo explorados de modo mais pleno. Durante essa fase, o menino acha que todos os indivíduos têm um pênis que os encanta, exatamente como o dele o encanta. E, quando ele acredita que todos os indivíduos possuem um pênis, ele realmente pensa em "todos": tanto do sexo masculino como do feminino (Freud, 1923b: 141-5). Com o tempo, o menino vem a perceber que não é bem assim. Em brincadeiras, na hora do banho ou por acaso, ele descobre que alguns indivíduos não têm pênis. Isso provoca um choque. Ao tentar fazer sentido dessa falta, ele chega à conclusão de que esses indivíduos foram castrados. E, se os pênis deles foram removidos, presume-se que não haja motivo pelo qual um destino semelhante não vá se abater sobre ele.

Surge então a questão de quem detém o poder de castrar. O menino olha ao redor em busca de um competidor adequado para essa tarefa e se fixa no pai (uma escolha, é bom ressaltar, que reflete a estrutura patriarcal da família do tempo e da classe de Freud). É provável que os temores de castração do menino estejam vinculados a ameaças associadas a suas aventuras com a masturbação: "Se você não parar de brincar com isso aí, ele vai cair e sumir." O menino acha que o pai tem conhecimento de seus desejos pela mãe. Temeroso, culpado e envergonhado, ele recalca esses desejos. Esse é um ponto importante a ser atingido, pois, quando ele recalca seus desejos, forma-se o instrumento da moralidade – o superego. O complexo é recalcado ou destruído (embora na prática ele nunca seja completamente erradicado). Parece uma triste história de perda do prazer e surgimento da culpa. Mas nem tudo está perdido: permanece a esperança de que um dia ele obtenha o poder que acompanha a posse do pênis, quando atingir a idade adulta e assumir o manto do pai.

Quando se trata da experiência da menina, de início Freud simplesmente inverte o processo (Freud, 1916-17: 333): a menina deseja o pai enquanto encara a mãe como sua rival. Isso não é muito satisfatório. Ainda em 1923 Freud está dando uma desculpa para as tensões nessa sua teoria que tem o poder de enfurecer mulheres adultas. Ele insinua que o processo do desenvolvimento sexual nas meninas é, em última análise, misterioso; e permanece "desconhecido para nós" (Freud, 1923b: 142). Não se trata de uma resposta muito satisfatória. Como diz a psicanalista contemporânea Luce Irigaray, ao comentar declarações semelhantes por parte de Lacan sobre a natureza "misteriosa" da sexualidade feminina, por que não fazer perguntas às próprias mulheres acerca de suas experiências? Talvez isso dissipasse facilmente a ideia de que a experiência feminina é misteriosa e incognoscível. De fato, Freud é alvo de pressões para rever sua teoria, pressões exercidas por algumas das primeiras analistas mulheres, como, por exemplo, Karen Horney, que tentam definir essas experiências supostamente "desconhecidas". Sob esse tipo de pressão, ele vem a formular uma explanação do complexo de Édipo da menina, que é mais rebuscada do que a do menino, por envolver uma sequência diferente de acontecimentos e fases, o que sugere que a sexualidade feminina nitidamente não é tão "misteriosa" quanto Freud pensou a princípio.

Como Freud define então o complexo de Édipo da menina? De modo interessante, sua atenção volta-se para o período anterior a seu início. Ele não se detém tanto nesse período anterior quando descreve a experiência do menino. No menino, a mãe é o primeiro objeto de amor e continua a sê-lo durante o complexo e ao longo da vida do menino.

As coisas são bem diferentes no caso da menina. Para começar, a mãe é seu primeiro objeto de amor, mas sua relação é mais complexa, porque para tornar-se mulher a menina precisa "mudar sua zona erógena e seu objeto" (Freud, 1933: 119). Em outras palavras, se for para a menina atingir uma feminilidade "verdadeira", ela deve passar de uma sexualidade moldada por relações femininas para uma moldada por relações com homens. Isso exige que ela mude do prazer localizado no clitóris para o prazer localizado na vagina e, de modo significativo, que passe da identificação com a mãe – seu primeiro objeto de amor – para o pai, que lhe fornecerá o modelo para suas futuras relações com homens. Com bons motivos, foram furiosas as reações das feministas a essa ideia. Não apenas ela descarta – segundo o famoso comentário de Anne Koedt – o fato biológico de que o prazer sexual feminino se localiza basicamente no clitóris, mas também pressupõe que, para serem felizes e realizadas, as mulheres precisam dos homens.

Ao descrever a relação entre a menina e a mãe, Freud focaliza a experiência da ambivalência. O amor e a hostilidade para com a mãe unem-se na menina de um modo que não é tão evidente como quando examinamos a experiência do menino. Os primeiros desejos sexuais da menina durante a fase fálica consistem em engravidar a mãe ou em parir um filho para ela. Essa mãe, Freud descreve como "a mãe *fálica*" (Freud, 1933: 126), provida de um pênis exatamente como o pai, na imaginação da criança. Quando a menina descobre que a mãe não possui um pênis, seu apego pela mãe "resulta em ódio" (Freud, 1933: 121). O apego da menina agora passa para o pai.

No cerne desse movimento está o complexo de castração. Não só a mãe é desprovida de pênis, mas "as meninas responsabilizam a mãe por elas mesmas carecerem de um e não perdoam a mãe por serem postas em desvantagem" (Freud, 1933: 124). Reconhecer que não só sua mãe é "castrada", mas que *ela também é*, representa um momento decisivo para a sexualidade da menina e sua escolha de objetos. Ao reconhecer sua condição de castrada, a menina pode reagir de uma dentre três formas. Ela pode tornar-se sexualmente inibida ou neurótica; ou pode procurar conquistar um pênis dedicando-se a objetivos masculinos. Como uma terceira alternativa, ela pode seguir o caminho rumo ao que Freud define como feminilidade "normal", na qual um homem é considerado possuidor do pênis que a menina quer e pode obter, seja possuindo esse homem, seja produzindo com ele um filho que se tornará o pênis para ela. Nessa última possibilidade, o pai torna-se de importância crucial, pois é através do pai que a menina inicialmente espera ter o filho que será seu "substituto do pênis" (ver Freud, 1933: 128). Assim, o desejo de ter um filho com o pai anuncia o início do complexo de Édipo da menina.

Não surpreende que as feministas se enfureçam com a teoria de Freud! Mas deixemos de lado nossa indignação por um instante e examinemos o que esse processo mais rebuscado do desenvolvimento sexual feminino poderia nos dizer tanto acerca da forma cambiante da teoria de Freud quanto sobre ele como teórico.

À medida que sua teoria evolui, o desenvolvimento sexual já não é entendido como o mesmo para o sexo masculino e o feminino. O complexo de Édipo nas meninas é "o resultado de um desenvolvimento longo e difícil" (Freud, 1933: 129), que envolve sentimentos inconstantes e ambivalentes para com a mãe. Enquanto a ameaça da castração destrói, para o menino, seus desejos edipianos, para a menina o "complexo de castração *prepara* para o complexo de Édipo" (Freud, 1933: 129; grifo meu). Freud vai mais além. Quando o complexo de Édipo chega, ele é para a menina "um refúgio seguro" (Freud, 1933: 129) depois das provas e tribulações das suas primeiras identificações. Como não vivencia a ameaça da castração – afinal de contas, na sua própria cabeça, ela já é castrada –, a menina pode permanecer no estágio de desejar o filho do pai por "um período indeterminado" (Freud, 1933: 129). Com o tempo, ela conclui que o pai não lhe dará o filho que ela deseja; e assim o complexo se dissolve, terminando com a menina sentindo decepção com o pai e renovando seu apego pela mãe. Freud sustenta que o complexo na menina é destruído tarde e "de modo incompleto" (Freud, 1933: 129), uma eventualidade que acaba por afetar o tipo de relação que a mulher terá com os homens que vierem a ocupar o lugar do pai. Se a menina não admitir que é castrada, ela desenvolve um "complexo de masculinidade" e pode procurar relações homossexuais.

Essa é a história que Freud apresenta. Qualquer que seja nossa opinião sobre ela – e é possível que ela nos leve a vaias de escárnio –, examinar os detalhes em transformação na sua teoria dá alguma indicação da sua adaptabilidade. Não se trata de uma explanação rígida que não pode ser modificada quando vêm à luz novas ideias. Se quisermos provas contemporâneas, poderíamos examinar a adaptação da teoria por parte de Juliet Mitchell para trabalhar com relações entre irmãos. Ao mesmo tempo, o desenvolvimento da teoria revela de que modo Freud funciona como teórico. Sua explanação do complexo é desenvolvida ao longo de mais de 36 anos, período durante o qual ele a adapta e a transforma à medida que críticas são feitas e ideias novas se apresentam. Freud é criticado com frequência por simplesmente adaptar a experiência feminina de modo que se encaixe num modelo masculino pré-formado, mas essa crítica é em grande parte incorreta. Ela talvez valesse para seus comentários iniciais, no entanto a teoria posterior trata de prestar atenção à experiência diferenciada da menina.

Isso não quer dizer, naturalmente, que a teoria seja desprovida de problemas para a compreensão do que é ser mulher. O papel central, determinante, atribuído ao pênis – tê-lo ou não – sugere que as teorias de Freud foram geradas basicamente a partir de suas reflexões sobre sua experiência como homem. O corpo masculino é considerado o "normal" (ou normativo) para o entendimento da experiência humana. Talvez isso não seja surpreendente, dado o papel crucial de um protagonista masculino na história usada para iluminar essa experiência. A teorização da sexualidade em desenvolvimento da menina dá-se a partir de um pressuposto de que ela terá inveja do menino por ele possuir um pênis e concluirá que de algum modo ela é incompleta – que ela é castrada. Mas por que ela deveria chegar a essa conclusão? Por que ela não suporia que o menino é que é disforme, carecendo da integridade corporal feminina e prejudicado por uma vulnerável aba de carne?

Outra prova colhida nos estudos de caso de Freud aponta, de forma semelhante, para uma perspectiva bastante diferente de examinar a inveja na infância. O Pequeno Hans era fascinado pela capacidade de sua mãe de dar à luz e tinha fantasias sobre ele mesmo parir uma menininha (Freud, 1909a: 87). De modo análogo, um dos estudos de caso posteriores de Melanie Klein descreve a fascinação que seu paciente, o menino Richard, sente pela geração de bebês. Essa constatação a leva a postular que a inveja da capacidade da mãe de gerar bebês é significativa para a psique em desenvolvimento da criança, o que indica um ponto fraco específico na definição do complexo, tendo como pano de fundo o fascínio de Freud por um herói masculino. O papel do pai torna-se excessivamente importante, e o que se poderia chamar de "inveja do útero" é preterido na explanação do tipo de identificações que poderiam influenciar a experiência da criança.

Nessas circunstâncias, as implicações da teoria de Freud para as mulheres não são nem um pouco positivas, em termos mais importantes no que diz respeito à vida moral. Freud situa o desenvolvimento da moralidade e da consciência na esfera do superego. O superego é criado com a resolução do complexo de Édipo e passa a ser a voz interiorizada das proibições paternas e das exigências da sociedade. Como as mulheres não sentem medo algum da castração, por já serem castradas, elas não vivenciam o medo da punição que fornece a base para a ação moral. As mulheres se apresentam como "menos morais" que os homens (Freud, 1925b).

A identidade feminina, através da lente de Freud, adquire um tom trágico. Enquanto tanto o menino como a menina deparam com a perda quando chega o fim (ou "dissolução") do complexo, a posição da menina é decididamente mais arriscada que a do menino. A experiência da menina envolve a perda de seu próprio sentido de poder (bem como o do seu sexo), além da perda do pai. O menino pelo menos é capaz de emergir do domínio do complexo com a esperança de com o tempo assumir o lugar do pai, ao estabelecer sua própria família e tornar-se seu chefe.

O fato de essa noção do desenvolvimento moral contrariar frontalmente a experiência põe em questão as implicações morais propostas por Freud. "A maior consciência moral do homem" não se traduz em atos, sendo a maioria dos crimes cometida por homens. O medo inconsciente da punição não parece fazer muita diferença sobre como os homens se comportam.

Antes de concluirmos que a teoria é irremediavelmente falha, poderíamos examinar uma perspectiva alternativa. Segundo Lou Andreas-Salomé, a mulher é "o animal afortunado", cuja adaptação ao ambiente é mais bem-sucedida do que a do homem. Diferentemente do homem, que deve procurar sua realização na tentativa de alcançar e ultrapassar o pai, a felicidade da mulher tem por base uma sensação mais segura de quem ela é. Longe de ser a mulher "imoral", existe uma forte ligação entre ela e os ciclos do mundo natural que tanto perturbam o ser humano conflitado de Freud. A mulher, por conta de seu complexo desenvolvimento sexual é, em última análise, mais feliz que o homem. Como ela retorna para a mãe, sua individualidade é unificada e alicerçada de uma forma que a do homem não é.

Avaliando o complexo de Édipo

Por inovadora que seja a leitura de Andreas-Salomé, ela depende da aceitação de uma visão da mulher como diferente do homem. Ela é mais passiva, menos ativa do que ele. Enquanto feministas como Luce Irigaray de modo análogo adotaram ideias de diferença sexual, outras questionaram o efeito que atribuir prioridade ao complexo de Édipo teve sobre os contornos da teoria psicanalítica. Em certo grau, ela simplesmente reelabora as antigas descrições desdenhosas na tradição filosófica ocidental da "Mulher" como um ser emotivo, passivo, carente de razão e de moralidade. A única diferença está na tentativa de expor essas ideias em linguagem "científica". Em termos mais gerais, é difícil ver que provas irrefutáveis podem ser apresentadas para a existência do complexo. Seu poder depende do ponto até o qual o leitor de Freud está disposto a aceitar a realidade das experiências que levam Freud a chegar a postulá-lo.

Realçar a dimensão subjetiva dá ensejo às críticas mais desfavoráveis. As provas que Freud fornece para estabelecer a existência do complexo podem ser lidas de modo bastante diferente, caso se questione a primazia que ele atribui ao complexo de moldar as experiências em pauta. O estudo de caso do Pequeno Hans é um bom exemplo. Nele, Freud reflete sobre a análise de um menino de cinco anos – em grande parte por fonte indireta – por seu pai (Freud, 1909a). Como alega R. D. Hinshelwood, essa análise é problemática, principalmente porque o pai do menino (seguidor dedicado de Freud) dá a impressão de não ouvir o que o filho diz, mas passa o tempo envolvido com aqueles aspectos do caso que parecem confirmar aspectos essenciais da teoria freudiana. Isso levanta uma questão interessante. Será que a confiança de Freud no complexo de Édipo como ferramenta de interpretação força o material a assumir uma forma que se coadune com ele, em vez de deixar que o material fale por si?

O sonho de Hans com as girafas fornece uma ilustração pertinente. Hans conta que nesse sonho viu duas girafas – uma grande, uma amassada – no seu quarto. A grande grita enquanto Hans se senta na amassada (Freud, 1909a: 37-40). Seu pai interpreta o sonho como expressão do desejo de tomar posse da mãe, fazendo assim com que o sonho entre em conformidade com o modelo do complexo de Édipo (Freud, 1909a: 41). Hinshelwood sugere uma interpretação alternativa, focalizando a atenção nas pressões enfrentadas por uma criança que é interrogada de modo tão invasivo pelo pai. Para Hinshelwood, o sonho de Hans revela a hostilidade da criança à tentativa do pai de interpretar e examinar em detalhe seu comportamento.

Analistas posteriores também foram prejudicados pelo modelo de Freud. Quando Ruth Mack Brunswick se torna analista do Homem dos Lobos, alguns anos depois da análise dele com

Freud, ela identifica o apego de seu paciente pela irmã que o seduziu quando criança. Contudo, ela em grande parte deixa de lado esse aspecto em sua discussão da doença do paciente, preferindo se concentrar num "resquício da transferência para Freud" e, portanto, na "fixação no pai" que o Homem dos Lobos aparenta ter. Como vimos, uma omissão semelhante ocorre na análise de Dora por Freud. A ênfase dada aos papéis do pai e do sr. K. resulta em que o exame das relações de Dora com mulheres seja apenas alvo de alusão superficial, mas não trabalhado detalhadamente.

Embora Freud interprete a história de Édipo basicamente através da relação de pai e filho, pai e filha, ela não precisa ser lida desse modo. Talvez esse seja o ponto que descortina as possibilidades inerentes à história de Édipo. Para os analistas que vieram depois de Freud, o que torna a história útil é a flexibilidade possível na estrutura que ela fornece para o entendimento dos desejos que acompanham o desenvolvimento sexual.

Examinemos a explanação de Melanie Klein do complexo. Para Klein, o complexo surge entre os dois anos e nove meses e os quatro anos de idade: consideravelmente mais cedo do que o cálculo de Freud, por volta dos cinco anos. Klein defende o ponto de que os desejos genitais são dirigidos para ambos os genitores e que a criança tem consciência tanto do pênis quanto da vagina. O que é mais importante, ela passa da expressão "complexo de Édipo" para "situação edípica". Essa mudança de terminologia enfatiza a necessidade da criança de reconhecer a relação dos pais. Os pais têm uma relação que exclui a criança, o que demonstra a importância de uma "terceira posição" para o sentido que a criança está desenvolvendo sobre a relação com outros. Julia Kristeva expande essa ideia, situando o complexo no contexto da mudança que a criança deve fazer a partir da ligação simbiótica com a mãe para a aceitação de que existem outros do lado de fora dessa relação. Efetuar essa mudança é necessário para a criança poder se relacionar com outros. O pai é significativo, já que sua presença desfaz qualquer ternura excessiva na relação entre mãe e filho, permitindo, assim, espaço para que a relação, a linguagem e a possibilidade do amor se desenvolvam.

Essas interpretações sugerem uma flexibilidade considerável na história de Édipo. Ela não precisa ser lida de modo restritivo. O que levanta perguntas sobre o tipo de disciplina que a psicanálise é. Seria possível entender que ela oferece uma hipótese científica sobre a natureza do ser humano, visão que Freud nitidamente abraçava. No entanto, a comprovação do complexo de Édipo não é tão forte assim, principalmente por estar alicerçada num registro de processos inconscientes que podem ou não ser aceitos pelo leitor. Antes de desistirmos da psicanálise e procurarmos algo melhor para fazer, poderíamos encarar a psicanálise em termos diferentes. Poderíamos pensar nela como um método que proporciona uma forma de examinar nossa própria vida que tem mais afinidade com os processos criativos envolvidos na atividade de escrever uma história.

Uma visão semelhante da psicanálise caracteriza a obra de Bruno Bettelheim. Bettelheim alega que foi dada ênfase demais a encarar a psicanálise como uma ciência em detrimento de examinar como Freud usa seu conhecimento da literatura clássica e das experiências corriqueiras para formular suas teorias principais. Bettelheim afirma que Freud emprega a expressão "complexo de Édipo" como uma metáfora que, como todas as metáforas, é valiosa exatamente por ser aberta a uma variedade de interpretações. Para estudar essas interpretações variadas, é necessário mergulhar no mito. Ele volta à história de Sófocles, mostrando não só como ela se relaciona com o desenvolvimento da criança, mas também como ela revela a atitude ambivalente que o genitor tem para com a criança. Como ele diz, nós às vezes nos esquecemos de que Jocasta e Laio tentaram matar a criança que eles acreditavam ser capaz de destruí-los. Na peça de Sófocles, Jocasta ordenou que Édipo ficasse exposto aos elementos numa encosta e deixado ali para morrer.

Empregar o método de Bettelheim abre todo um leque de novas possibilidades para o uso do complexo. Freud utiliza o complexo de uma forma hierárquica, com seu interesse focado nas relações entre pai e filho. Entretanto, essa ênfase hierárquica, embora importante, não é inevitável, especialmente se voltarmos a atenção para o ciclo de peças de Sófocles dedicadas à história da Casa de Cadmo. Na terceira peça de Tebas, *Antígona*, o foco transfere-se do destino de Édipo para o de seus filhos. A preocupação de Antígona com o destino dos irmãos dá a entender que as relações entre irmãos são tão significativas para nosso entendimento de nós mesmos quanto as relações entre pais e filhos; abordagem que Juliet Mitchell também adota. Encarar a história de Édipo como um jeito imaginativo de ampliar a discussão de uma série de relacionamentos pode ser mais útil do que encará-la como uma hipótese científica.

Édipo e a sociedade humana

Se a solidez da comprovação do complexo na área do desenvolvimento psicossexual individual não é assim tão forte, podemos nos descobrir desconcertados com a tentativa de Freud de relacionar o complexo ao terreno social. Ao ser transplantado do terreno pessoal para o social, o complexo torna-se o alicerce para compreender as origens da religião e, em grande medida, da própria sociedade.

Esse desdobramento surge em *Totem e tabu* (1913), em que Freud examina o papel do totemismo nas chamadas formas "primitivas" de religião. No totemismo, confere-se a um animal o *status* de guardião da tribo, o que significa que ele não pode ser abatido nem comido. Na tentativa de explicar esse ponto – bem como o ritual desnorteante (e aparentemente contraditório) de sacrifício desse animal consagrado –, Freud distingue superposições importantes com as forças motrizes do complexo de Édipo. Em sistemas totêmicos, duas leis básicas são aceitas: "não matar o animal totêmico e evitar relações sexuais com pessoas do sexo oposto integrantes do clã totêmico" (Freud, 1913a: 32). A dinâmica de sexo e morte ilustrada na história de Édipo, que estrutura o desenvolvimento do complexo de Édipo do indivíduo, é refletida nas injunções que moldam e estruturam a forma inicial da sociedade humana. Édipo não é pertinente apenas para o entendimento de processos psicossexuais; sua história também influencia as estruturas da sociedade humana.

A investigação de Freud está basicamente interessada em explorar as forças psíquicas que sustentam as atividades e estruturas sociais humanas. Por que existem tabus quanto ao incesto, aos mortos e a matar o animal totêmico? O que eles nos dizem a respeito dos processos psíquicos que sustentam esse tipo de atitude social? Sua resposta volta o foco para a ambivalência que o objeto tabu inspira. Ele é sagrado, mas também é "'perigoso', 'impuro' e 'inquietante'" (Freud, 1913a: 22). O medo e o desejo estão subjacentes a essas crenças. Freud identifica esses medos e desejos com as mesmas emoções que acompanham o desenvolvimento individual.

Como ele faz isso? Para começar, ele volta a atenção para a importância da proibição ao incesto que é comum a todas as formas de sociedade humana. Um tabu somente é necessário se as pessoas quiserem fazer o que ele ordena que não seja feito. Logo, o incesto deve ser alguma coisa que, em algum estágio, era um desejo universal. Mais que isso: Freud alega que, no mundo do "primitivo", o incesto com a mãe é considerado o mais problemático e sujeito à maior parte dos tabus. Refletindo sobre a figura da sogra, Freud sugere que as práticas estritas que regem sua relação com o genro revelam parte da força desses desejos (Freud, 1913a: 13-4). Por ser sogra, em vez de mãe natural, ela tanto mascara como revela os desejos inaceitáveis que um homem tem por sua mãe. (Pense nisso na próxima vez que um comediante de gosto questionável contar uma piada sobre a sogra.)

Se o desejo pelo incesto é tão forte, qual é o motivo do tabu? Por que não seguir o exemplo dos libertinos nas histórias do Marquês de Sade e tirar pleno proveito desses desejos? A resposta de Freud provém da identificação da mesma ligação entre o medo e o desejo que caracterizaram seu exame de Édipo. O pai é temido; a mãe, desejada. No tabu, "o medo é mais forte que o desejo" (Freud, 1913a: 31). Por quê? A resposta está no animal totêmico, que ele vê como um substituto do pai. Sua prova é, em parte, embasada em indícios extraídos da sua investigação de fobias da infância. O Pequeno Hans sofria de uma fobia de cavalos. Na análise, ela foi associada a temores do "pai castrador". O cavalo que poderia "morder" é o pai, que poderia castigar Hans pelo desejo de que o pai morresse, para ele ter acesso exclusivo à mãe (ver Freud, 1913a: 128-32). A essa altura, Freud dá um passo que parece estranho, se não ridículo, para seus críticos. As forças psíquicas que ele até então vem se esforçando para descrever e examinar estão relacionadas a um patricídio verdadeiro na pré-história. É esse acontecimento remoto que continua a exercer poder sobre como encaramos nosso próprio pai.

A partir da reflexão sobre a refeição totêmica, Freud chega à conclusão de que ocorreu um primeiro patricídio. Em desobediência às restrições do tabu, o animal totêmico é morto e consumido, em meio a grandes festividades. Depois de comido, o "animal sacrificado é objeto de pranto e lamentos" (Freud, 1913a: 140). Recorrendo à teoria de Darwin de uma horda primitiva como a primeira forma da sociedade humana, Freud desenvolve uma história que explica esse ritual e, além disso, as forças que moldam a sociedade humana. Ele identifica um assassinato real ao qual a refeição ritual alude. Tendo lhes sido negado o acesso sexual às mulheres da tribo pelo pai, que detém direitos exclusivos sobre elas, os filhos "mataram e devoraram o pai, dando portanto fim à horda patriarcal" (Freud, 1913a: 141).

A refeição ritual é uma reencenação desse assassinato canibalesco original. Contudo, a morte do pai não traz o alívio e a realização que os irmãos tinham esperança de obter:

> Eles odiavam o pai, que representava um obstáculo tão aterrador para sua ânsia pelo poder e para seus desejos sexuais; mas eles também o amavam e o admiravam. Depois de se livrarem dele, de terem saciado seu ódio e realizado seu desejo de se identificar com ele, o afeto, que todo esse tempo tinha sido recalcado, sem dúvida haveria de se manifestar. E ele o fez, sob a forma de remorso. Veio à tona uma sensação de culpa, que, nesse caso, coincidiu com o remorso sentido pelo grupo inteiro. O pai morto tornou-se mais forte do que o pai vivo tinha sido... Eles procuraram anular seu ato, proibindo o sacrifício do totem, o substituto do pai; e renunciaram ao fruto dele ao desistir de seu direito às mulheres, que agora tinham sido libertadas. Eles criaram, assim, a partir de seu sentimento filial de culpa, os dois tabus fundamentais do totemismo, que por esse mesmo motivo correspondiam inevitavelmente aos desejos recalcados do complexo de Édipo (Freud, 1913a: 143).

O complexo de Édipo passa desse modo de uma explanação das primeiras relações entre uma criança e seus pais para o terreno da história. Estamos tratando de acontecimentos reais, não de fantasias psíquicas. Ao mesmo tempo, esses acontecimentos elucidam certos processos psíquicos, pois o pai morto é temido e desejado, e seu "retorno" é vivenciado na culpa que seu assassinato inspira. Essa culpa não para em seus filhos, mas é transmitida pelas gerações afora.

Não é de admirar que essa proposta tenha sido criticada, principalmente com base no fato de haver pouquíssima comprovação das afirmações de Freud. Como disse o antropólogo E. E. Evans-Pritchard, *Totem e tabu* não passa de uma "hipótese fantasiosa". Freud reconhece a natureza especulativa dessas reflexões e as objeções que bem poderiam ser levantadas: "Seria tolice almejar a exatidão em questões desse tipo, da mesma forma que seria injusto insistir na certeza" (Freud, 1913a: 143, nota). Entretanto, sua atitude reticente não deveria impedir o leitor de ver o uso que Freud faz do relato, à medida que desenvolve sua psico-história da cultura humana. A formação da sociedade e os valores que promovem sua continuidade são baseados na cumplicidade no patricídio. A religião e seus rituais são baseados num sentimento comum de culpa e remorso. Os sistemas da moralidade são baseados nas tensões entre exigência e penitência (Freud, 1913a: 146). Tudo isso pode ser rastreado até sua origem no patricídio; tudo isso está alicerçado na expressão histórica do complexo de Édipo.

Como interpretar essas ideias? O filósofo Paul Ricoeur trata da duvidosa origem histórica desse relato e defende a posição de que é melhor entendê-lo como um mito. Antes de descartarmos um mito como algo não verdadeiro, deveríamos ressaltar que ele oferece muito mais do que um relato falso; ele é uma história criativa que expressa uma verdade profunda. Freud fornece uma narrativa que cria sentido para o complexo de Édipo que ele identificou na autoanálise e no seu trabalho com pacientes. Nessa história, ele consegue relacionar o desenvolvimento psicossexual individual às forças que construíram as primeiras sociedades humanas.

A versão de Ricoeur tem utilidade? Já examinamos as objeções feministas ao papel central dado ao complexo para o entendimento da sexualidade humana – e em particular da sexualidade feminina –, e vale a pena voltar à crítica feminista. Em *Totem e tabu*, a religião e a sociedade são compreendidas através da lente da relação entre pai e filhos (Freud, 1913a: 146). Onde estão as mães e filhas em todo esse discurso categórico sobre as fundações da vida cultural humana? Devemos supor, junto com a crítica cultural Camille Paglia, que as mulheres estavam em sua maioria ausentes dos processos que moldaram a cultura humana? (Para Paglia, se a construção da sociedade humana tivesse sido deixada nas mãos das mulheres, ainda estaríamos morando em choupanas de palha.) Aceitar essa versão é descobrir-se, como Freud, incapaz de explicar as grandes deusas mães da Antiguidade ou, mesmo, a transição da horda para matriarcado e para patriarcado, transição esta que Freud reconhece na sua leitura da história humana, mas para a qual não consegue dar uma explanação (Freud, 1913a: 149).

A ausência de reflexões sobre a mãe é problemática. Freud inclina-se a não se envolver com sua postulação da "mãe fálica" da fase pré-edipiana, que proporciona o contexto todo-poderoso em contraste com o qual a individualidade da criança precisa se desenvolver e com a qual a criança luta. A história de Édipo poderia parecer muito diferente se fosse dedicada maior reflexão ao poder da mãe. Como Bettelheim nos relembra, na história de Sófocles, Jocasta expõe Édipo aos elementos. Esse ato revela seu poder sobre a vida e a morte: uma situação análoga ao poder da mãe de dar ou negar alimento ao filho. A simples dicotomia determinada pelo gênero entre o medo (do homem) e o desejo (pela mulher) que domina o relato de Freud dessa história deixa de reconhecer a ambivalência significativa que cerca os vultos da mãe e do pai. O pai odiado é aquele que, depois da morte, é desejado; a mãe/mulher, que é desejada, é também vista como uma ameaça. Quando Freud transpõe a história de Édipo para o estudo da sociedade, essas ambiguidades recebem ainda menos atenção. Isso tem consequências infelizes para o exame da sexualidade feminina. A mãe que é associada apenas ao sexo e ao desejo torna-se, com uma facilidade excessiva, idealizada como o anjo benevolente da maior parte da ficção vitoriana. Idealizações desse tipo deixam o caminho aberto para equívocos fatais com relação a mães da vida real (cujo poder para fazer mal aos filhos pode deixar de ser percebido); ou ainda para a depreciação de mulheres que se considera terem "fracassado" em seus esforços de estar à altura do ideal materno da mãe que é só amor e sacrifício de si mesma.

Passar o complexo de Édipo para o terreno da história social exacerba alguns dos problemas com que já deparamos em sua aplicação como modelo para o entendimento da identidade psicossexual. Com a transferência para o terreno histórico, sua tendenciosidade masculina fica exposta. É famosa a sugestão de Lacan de que não existiria nada que se pudesse chamar de "Mulher", pois ela apenas reflete atitudes e medos masculinos. Talvez não seja surpresa que ele também defenda a supremacia de *Totem e tabu* na obra freudiana. Levar o complexo até a pré-história sugere alguns dos limites do modelo de Freud quando ele é considerado uma hipótese cientificamente comprovável. Uma solução melhor poderia ser a de acompanhar a identificação de Ricoeur do assassinato primevo como um "mito", uma forma criativa de apresentar alguns medos, tensões e desejos psíquicos que Freud situa na relação de cada indivíduo, de um sexo ou do outro, com seus genitores.

Precisamos de histórias para lidar com a trama de nossa vida. O que Freud faz de modo mais eficaz é fornecer histórias que ajudam a refletir sobre as forças que nos formaram. O que acontece quando uma única história recebe um excesso de ênfase? É isso o que acontece com a explanação de Freud?

A passagem do individual para o social é completada por um último uso audacioso da história de Édipo. Freud afirma que há duas forças em atividade no universo: forças que se manifestam no corpo de indivíduos e nas experiências da sociedade coletiva. Essas forças cósmicas são *Eros* e *Tânatos*, o Sexo e a Morte. Se Édipo é o mito que exemplifica esses traços na vida de cada indivíduo, escritos posteriores de Freud tomam esses traços e lhes atribuem posição central para o entendimento da natureza conflitada do animal humano, preso num universo definido por forças avassaladoras e impessoais.

Eros e Tânatos: Édipo e a metapsicologia

O complexo de Édipo de Freud passa de descrição do desenvolvimento individual para tornar-se uma descrição da sociedade humana. Na etapa final da sua produção teórica, os temas da história são levados ainda mais adiante à medida que Freud desenvolve uma explanação das forças cósmicas que, segundo ele afirma, se manifestam no corpo de cada homem e cada mulher.

Ao elaborar essa ideia, Freud recorre à "fantasia cósmica" (Freud, 1937a: 246) de Empédocles de Agrigento (por volta de 490-430 a.C.), que ele descreve como "um pesquisador e pensador, profeta e mágico, político, filantropo e médico" (Freud, 1937a: 245). Empédocles é, em outras palavras, um polímata, como ele mesmo. De acordo com Empédocles, dois princípios governam a vida da mente e a vida do universo: o Amor e a Discórdia. O Amor é o princípio unificante, enquanto a Discórdia procura "separar umas das outras as partículas básicas dos elementos" (Freud, 1937a: 246). O Amor envolve crescimento e florescimento; a Discórdia, entropia e destruição. A dinâmica que caracteriza a história de Édipo – o amor pela mãe / o ódio pelo pai; o sexo com a mãe / a morte do pai – é agora usada para formular uma explanação da natureza do universo. Existe, porém, uma diferença. O relato de Empédocles é mítico, enquanto o de Freud tem como base a "validade biológica" (Freud, 1937a: 245), sendo portanto científico.

Essa é uma teoria altamente controvertida. Em sua teoria mais geral, Freud considera que a vida humana é moldada por instintos poderosos, sendo o mais notável o instinto sexual, que impulsiona o crescimento, a nova vida e o desenvolvimento. Posteriormente, essa postulação de um instinto único que mantém subjugados a todos é acompanhada pela ideia de um "instinto de morte", que busca destruir as coisas e levar o que é animado de volta a um estado inanimado. A ênfase que Freud confere aos instintos para o entendimento do comportamento e do caráter do indivíduo foi em grande parte suplantada nas teorias psicanalíticas posteriores à sua morte, que concentram o foco em "relações de objeto". Nessas teorias, a relação da criança com os pais, e não forças instintivas, é crucial para compreender de que forma moldamos nossa vida e nossas relações subsequentes. Mais adiante no pensamento de Freud, pode-se discernir uma tendência não muito diferente, embora caiba a outros completar essa mudança. O que podemos dizer é que, à medida que sua teoria se desenvolve, mais peso é atribuído ao papel que o mundo exterior desempenha na formação da identidade individual (Freud, 1923a).

Essa passagem da atenção aos instintos para um foco no mundo externo é acompanhada de um desejo de entender as origens aparentemente ilógicas e irracionais da destrutividade humana. Em vez de associá-la exclusivamente a fracassos nos processos do desenvolvimento individual, Freud procura uma explicação mais ampla. Nesse sentido, ele nunca vai além de suas alegações de que a natureza humana se manifesta tendo como pano de fundo as pressões instintivas que impulsionam nosso comportamento. No início de sua teoria, o instinto que impele o comportamento humano é o que busca o prazer: o princípio de prazer, associado ao instinto sexual (Freud, 1911). No entanto, à medida que ele procura compreender a destrutividade, concentrar a atenção nesse instinto único parece não fazer sentido. A impressão é que há outro princípio em atuação, que busca a destruição, não o prazer. Esse ele descreve como o "instinto de morte".

Críticos resistiram a essa ideia. De modo semelhante, psicanalistas evitaram a aceitação da existência desse instinto. O analista Donald Winnicott sugeriu que ele demonstrava a dívida de Freud com a tradição judaico-cristã, com o instinto de morte atuando como "uma simples reafirmação do pecado original". Como o pecado para os cristãos, a morte torna-se uma força negativa, transmitida através das gerações. Entretanto, rejeitar a ideia desse modo talvez seja o mesmo que deixar de ver o peso de algumas provas que Freud apresenta para corroborá-la.

No capítulo anterior, vimos Freud envolvido com as implicações teóricas da interrupção da análise de Dora. Na "reação terapêutica negativa", o paciente, aparentemente sem explicação, procura sabotar o sucesso de uma análise. Exatamente ao chegar ao ponto em que é possível o verdadeiro progresso, eles voltam para os comportamentos e modelos destrutivos que os levaram à análise de início. Por quê? Parece que nenhum prazer decorreria de um retrocesso desses. O que poderia estar subjacente a esse tipo de repetição?

Nas brincadeiras infantis, Freud vê a repetição como uma tentativa de dominar a angústia. Numa brincadeira de seu neto, Freud observa que, ao jogar um carretel, o menino diz "*fort*" [vai] e, ao puxá-lo de volta, diz "*da*" [vem]. Freud conclui que essa brincadeira permite que o menino domine sua angústia causada pela ausência da mãe (Freud, 1920: 14-6). A mãe é o carretel; e na brincadeira ele se imagina controlando suas idas e vindas. Freud oferece esse exemplo no contexto de sua discussão do princípio de prazer. O princípio de prazer busca maximizar o prazer e evitar o "desprazer". À medida que a criança cresce, o princípio de realidade vem à tona, com sua percepção de que seus desejos nem sempre podem ser atendidos. (A palavra "não", infelizmente, entra na experiência da criança.) À luz dessa percepção, a criança começa a aceitar o mundo externo, suas decepções e suas limitações.

Poderíamos interpretar a brincadeira do neto de Freud desse modo. Repetir a ausência da mãe, mesmo que numa brincadeira, parece angustiante e contrário à ideia de que todos os atos almejam maximizar o prazer. Como Freud salienta, porém, essa brincadeira transforma uma experiência passiva numa ativa. A criança assume o controle. Ao mesmo tempo, ela pode nutrir uma espécie de vingança contra a mãe ausente, dependendo da forma que imprima à brincadeira. A criança é capaz de "repetir essa experiência desagradável na brincadeira porque a repetição trazia consigo uma produção de prazer de outro tipo, mas mesmo assim um prazer direto" (Freud, 1920: 16).

Em termos cruciais, porém, nem toda ação repetitiva pode ser explicada com tanta facilidade. Na "neurose traumática", os sonhos do paciente o situam repetidas vezes no local do trauma original (Freud, 1920: 13). Não há movimento algum; nenhuma noção de domínio sobre o acontecimento traumático. Essas repetições não apenas desafiam a ideia de que todos os atos tentam maximizar o prazer, mas também a noção de que todos os sonhos representam a realização de desejos. A reflexão sobre esse fenômeno leva Freud a propor um instinto "para além do princípio de prazer". Mais que isso: ela leva a uma reformulação radical do que um instinto é. "*Um instinto*" registra ele "*é uma necessidade inerente à vida orgânica para restaurar um estado de coisas anterior*" (Freud, 1920: 36). Trata-se de uma mudança importante, e Freud observa que essa nova definição tem probabilidade de parecer estranha:

> Nós nos habituamos a ver [nos instintos] um fator que impulsiona a mudança e o desenvolvimento, enquanto agora somos solicitados a reconhecer neles exatamente o contrário – uma expressão da natureza *conservadora* da substância viva (Freud, 1920: 36).

Freud sugere a existência de um instinto que antecede o próprio sexo. Esse impulso de restaurar as coisas para um estado anterior é presenciado nos processos da morte, em que o animado volta a um estado inanimado. Freud afirma que esse instinto primitivo reside no próprio centro do organismo:

> Se encararmos como uma verdade que não admite exceção o fato de que todas as coisas vivas morrem por motivos *internos* – voltando a tornar-se inorgânicas –, seremos forçados a concluir que "o objetivo de toda vida é a morte" (Freud, 1920: 38).

Essa afirmação estarrecedora consegue explicar em parte a compulsão à repetição, a experiência na qual esse instinto se faz sentir de modo mais intenso. O sujeito é incapaz de ultrapassar a experiência passada, que é constantemente reformulada e repetida. Há uma noção de estagnação; uma sensação de que a própria vida está sendo destruída. Se você achar que isso parece meio forçado, pense no exemplo, infelizmente comum demais, de pessoas que, sem se dar conta, parecem repetir o mesmo modelo de relação, entrando constantemente em relacionamentos ou situações que só podem dar errado.

O que provoca esse comportamento autodestrutivo? As reflexões de Freud sobre uma forma da compulsão à repetição, que ele chama de "neurose de destino", têm interesse especial para o esclarecimento do que ele pretende dizer:

> A impressão [que esses pacientes] dão é a de que são perseguidos por um destino maligno ou possuídos por algum poder "demoníaco"; mas a psicanálise sempre foi da opinião de que esse seu destino é, em sua maior parte, resultado de suas próprias ações e determinado por remotas influências infantis (Freud, 1920: 21).

Como ocorre com sonhos traumáticos, parece não haver nenhuma geração de prazer evidente a partir da adoção dos mesmos comportamentos destrutivos. Contudo, apelar para uma força maligna externa ao paciente diverge da supremacia que a psicanálise confere ao inconsciente e ao seu poder de influenciar o comportamento. Não pode ser que um destino externo esteja impulsionando o paciente. Trata-se apenas de que os fatores que determinam esse comportamento foram recalcados e excluídos da memória.

Uma ideia semelhante caracteriza as reflexões de Freud sobre o esforço de Sófocles para amenizar o crime "horrendo" cometido por Édipo, para que sua plateia pudesse se envolver com ele. Édipo é descrito como uma vítima do destino, à mercê de forças fora de seu controle. Ao retratar Édipo desse modo, Sófocles está "projetando para a realidade o motivo inconsciente do herói, sob a forma de uma compulsão por parte de uma fatalidade externa a ele" (Freud, 1928: 188). Mas Édipo jamais alega que qualquer outra pessoa além dele mesmo seja responsável pelos atos que cometeu. Pelo contrário, "seu crime é reconhecido e punido como se fosse um ato pleno e consciente" (Freud, 1928: 188). Isso poderia parecer injusto, mas Freud salienta que "em termos psicológicos, é perfeitamente correto" (Freud, 1928: 188). Édipo é culpado, já que num momento ele realmente desejou dormir com a mãe e matar o pai! Nos dois exemplos, apesar das aparências em contrário, o indivíduo determina seu destino: só que ele não se lembra dos acontecimentos que deram origem a esse ato.

Essa ideia dá a impressão de ser bem diferente do que Freud parece sugerir quando associa a compulsão à repetição à pulsão de morte. Ao fazer essa ligação, Freud afirma que existe alguma coisa para além da experiência do indivíduo – uma força mais antiga que a própria humanidade – que está influenciando os atos do indivíduo; essa força é chamada de "pulsão de morte".

Considerando-se essa história complexa, não surpreende que a pulsão de morte continue a ser uma teorização controvertida. Nem mesmo Freud estava totalmente convencido de que suas especulações estavam corretas (Freud, 1920: 59). No entanto, esse tema indica, no mínimo, parte dos interesses que moldam a teoria de Freud. Ele não está apenas refletindo sobre as forças do desenvolvimento individual, mas está também em busca do que poderíamos, como ele, chamar de "uma metapsicologia" que situa a psique humana no fluxo e refluxo mais amplo do cosmos. Ao pensar nesses termos, poderíamos levar em conta a afirmação de Neville Symington de que Freud foi influenciado pelas ideias do filósofo e psicólogo Franz Brentano (1838-1917), a cujas aulas Freud assistiu quando jovem estudante. Para Brentano, a mente está em contato com o mundo externo e desenvolve suas ideias através de contato direto com ele. Symington insinua que Freud foi influenciado por essa ideia, apesar de não ter feito referência a Brentano.

    Symington pode ter razão. Como Brentano, Freud está tentando situar o indivíduo e seus processos mentais no fluxo e refluxo mais geral do universo. Para fazer isso – para pensar em termos cósmicos – ele precisa de histórias que forneçam estruturações dramáticas para suas especulações; histórias que transcendam a experiência humana corriqueira. Nesse ponto, Freud, o cientista cético, junta-se ao Freud que parece ter mais em comum com um visionário religioso. A vida nunca se resume a crescer e prosperar; ela também envolve o declínio e a morte. O conflito atemporal para o qual Empédocles chama nossa atenção, que forma uma estrutura para as especulações de Freud, manifesta-se no terreno humano e no individual. No contexto clínico, a questão passa a ser a de como superar a repetição da pulsão de morte em nossa vida e em nossa experiência. Mais que isso, porém, ela propõe questões sobre como viver num universo como este; um universo que implica a dor da morte bem como o prazer do sexo. Longe de serem descabidas, as especulações de Freud nos desafiam a pensar no significado de nossa vida, que se desenrola tendo como pano de fundo um universo complexo que pode ser vivenciado tanto como algo belo quanto como algo que tem o poder de aterrorizar.

4

Os sonhos, o desenvolvimento e a psique

Nossas investigações sobre a histeria e o complexo de Édipo mapearam as correntes inconstantes que moldaram o pensamento de Freud. Suas ideias não estão gravadas em pedra, mas estão abertas à mudança: o que não surpreende se levarmos em conta que essas teorias foram desenvolvidas ao longo de toda uma vida. De modo semelhante, a explanação da mente que ele elabora também é aberta a revisões, se bem que um aspecto permaneça constante: a importância que ele atribui a processos inconscientes na formação e estruturação do eu. Experiências e sentimentos com os quais é difícil lidar podem ser expulsos do consciente, mas isso não significa que eles deixem de influenciar o comportamento. No caso da histeria, eles contribuem para o surgimento e o desdobramento da doença. No caso do desenvolvimento psicossexual, em termos mais gerais, as poderosas fantasias da infância, referentes à natureza do sexo e à nossa relação com nossos genitores, continuam a determinar a forma da sexualidade mesmo na vida adulta.

O interesse de Freud pode se situar na investigação do inconsciente, mas isso não quer dizer que sua descrição do inconsciente e da relação que este tem com outras operações mentais seja de algum modo estática. De forma semelhante à evolução das suas ideias sobre a histeria e sexualidade, suas opiniões se deslocam e mudam com o tempo. Segundo os comentadores Richard Wollheim e Joseph Sandler, Freud, ao longo da sua carreira, passa por três modelos da mente. O primeiro, em meados da década de 1880, molda seus pensamentos e sustenta sua explanação da histeria. Como diz Sandler, de acordo com esse modelo, "considerava-se que as forças inconscientes represadas que levariam aos sintomas eram afetos ou emoções que tinham sido provocados por acontecimentos traumáticos reais". As emoções recalcadas associadas a um momento traumático manifestam-se como sintomas. Como vimos, Freud torna-se insatisfeito com esse modelo de "trauma-afeto" e o substitui por um modelo "topográfico", de nome adequado, já que sua teoria agora se concentra em mapear o que poderíamos considerar ser o terreno da mente. Por essa abordagem, a mente é constituída por três sistemas: o consciente, o pré-consciente e o inconsciente. Esse modelo permite a Freud explorar ideias da energia psíquica se movimentando entre sistemas diferentes. De modo significativo, é um modelo que ajuda a elaborar seu trabalho sobre os sonhos. Ele permanece em grande parte intacto até 1923, quando a linguagem de Freud muda mais uma vez e ele concentra o foco em como descrever as "estruturas" da mente: o ego (o eu racional), o id (o repositório de desejos inconscientes) e o superego (a voz internalizada das atitudes dos pais e da cultura). Quando pensamos na teoria de Freud, é mais provável que esse modelo estrutural seja o que nos ocorra.

Por que essa mudança de terminologia faz diferença? Ela faz diferença porque reconhecer esses estágios em sua elaboração de teorias reflete possibilidades diferentes de interpretar Freud. Para alguns, o que está por último é obviamente o mais importante para nosso modo de interpretá-lo e de entender a direção de sua teoria. Quando James Strachey traduziu a obra de Freud para o inglês, ele se valeu das últimas formulações de Freud, usando-as para moldar a apresentação dos seus escritos iniciais, desse modo conferindo uma estrutura mais coerente ao desenvolvimento das suas ideias. A tradução inglesa [Standard Edition] oferece, portanto, poucas indicações de que Freud está tateando em busca de criar uma nova linguagem com a qual poderá expressar suas afirmações revolucionárias a respeito da pessoa humana. Ela tampouco sugere um processo que envolva tentativa e erro.

Para alguns, o recomendável seria resistir ao desejo de coerência e compatibilidade, e isso levou a uma abordagem diferente ao modo de interpretar Freud. O recente projeto da Penguin de produzir um novo conjunto de traduções da obra de Freud – tendo como editor-geral o britânico Adam Phillips, psicoterapeuta e escritor sobre psicanálise – é em parte inspirado pelo desejo de esclarecer as lacunas e tensões na obra de Freud, resultantes da criação de uma nova linguagem. Numa leitura dessa ordem, não se trata necessariamente de que a última etapa da teorização de Freud deva ser considerada definitiva. Pode bem acontecer de algumas das suas ideias iniciais terem uma utilidade especial para interpretar certos fenômenos; e a volta a modelos anteriores também poderia ser útil para o trabalho quotidiano da terapia analítica.

Salientar o desenvolvimento progressivo da elaboração da teoria de Freud [a partir de uma teoria (inadequada) rumo a outra (mais adequada)] encaixa-se bem com a forma dominante de interpretá-lo segundo a tradição psicanalítica britânica. Por essa leitura, ele é um psicólogo do desenvolvimento que estrutura o desenvolvimento psicossexual como uma transição de uma fase para outra. Poderíamos pensar na passagem da fase oral para a anal e a genital em seu modelo do desenvolvimento sexual. Ou poderíamos pensar no movimento para transformar o que é inconsciente em consciente. É oferecida a possibilidade de progredir do caos do mundo inconsciente para a organização do mundo racional da consciência.

A psicanálise francesa deixou-se convencer menos da força desse modelo progressivo, desenvolvimentista, para a compreensão da natureza revolucionária da teoria de Freud sobre o ser humano. Analistas franceses, seguidores da obra de Jacques Lacan, autodenominado sucessor de Freud, dão ênfase aos escritos iniciais de Freud em vez de aos seus textos posteriores. Por exemplo, Lacan afirma que os aspectos mais importantes da elaboração teórica de Freud estavam na sua interpretação dos sonhos (1900); seu exame da parapraxia, lapsos da fala (1901) e piadas (1905c); bem como em sua tentativa de examinar em detalhe o mundo peculiar habitado pela paciente histérica (1893-95, 1905a). Para Lacan, é esse Freud, interessado em descrever a estranheza da experiência humana, o Freud que mapeia o terreno indefinido do inconsciente, o que é mais importante. Lacan demonstra menos interesse pelo Freud tardio, que procurava entender o funcionamento do ego e via o trabalho da terapia como um meio de fortalecer o frágil eu racional contra as investidas do inconsciente (Freud, 1923a).

Acompanhando a leitura de Lacan, ganha destaque uma tensão particular na experiência humana do tempo e da história, realçada por Freud. Nossa vida mental é tal que as preocupações do passado, do presente e do futuro desconhecido fazem pressão sobre nós, caracterizando e construindo nossa experiência a cada momento, muitas vezes de modos conflitantes. Se levarmos a sério esse pano de fundo, é difícil falar com segurança sobre progresso psíquico. Como afirma o psicanalista francês André Green, o passado nunca é pura e simplesmente posto de lado, e a memória nunca é mera lembrança de acontecimentos passados. Em termos semelhantes, a acadêmica e psicanalista contemporânea Rosine Perelberg salienta que "a repetição, a irreversibilidade e a oscilação estão todas presentes no funcionamento da mente".

Reconhecer a existência do inconsciente exige uma aceitação de uma visão mais complexa da experiência do tempo. O eu consciente percebe a passagem do tempo, os efeitos do processo de envelhecimento, a existência do indivíduo num momento histórico específico. O mesmo não acontece no mundo do inconsciente. Como escreve Freud: "Não há nada no id que corresponda à ideia do tempo; não há reconhecimento da passagem do tempo e... nenhuma alteração em seus processos mentais é produzida pela passagem do tempo" (Freud, [1932] 1933: 74). Nesse sentido, somos criaturas que ao mesmo tempo são e não são moldadas pela passagem do tempo.

Para Green, reconhecer essas duas perspectivas contrárias tem implicações profundas sobre como as ideias de Freud são entendidas. Ele considera que Freud apresenta uma visão da vida humana que não pode ser plenamente compreendida com referência à progressão sequencial, linear, do tempo externo. E isso tem de ser assim, já que ele enfatiza a existência do inconsciente. O inconsciente atemporal não é restrito pelo movimento do passado para o presente, mas desliza sem esforço entre os dois, enquanto antevê nossas esperanças para o futuro. A noção de progresso do desenvolvimento pode bem ser um fator importante para entender a natureza do ser humano, mas aceitar a postulação do inconsciente apresentada por Freud significa que o desenvolvimento progressivo não pode ser encarado como o único fator na formação da nossa experiência como seres humanos. No mundo psíquico, o que é passado nunca é posto totalmente de lado, pois ele coexiste com preocupações do presente e com esperanças para o futuro.

Essa noção de imbricação do tempo torna-se mais evidente quando se interpreta o material de sonhos. A análise de sonhos desempenha um papel importante no desenvolvimento da psicanálise, junto com a investigação da histeria, pois é através dos sonhos que Freud oferece outra forma de permitir a entrada no mundo misterioso do inconsciente. Ao mesmo tempo, os sonhos revelam preocupações atuais e passadas que se entrelaçam e se sobrepõem, que se distorcem e se influenciam umas às outras, dando a entender que a teoria psicanalítica do tempo não pode ser evitada, se quisermos mapear e compreender o inconsciente.

Os sonhos e a construção do eu

Quando examinamos os sonhos e o papel que eles desempenham no entendimento da complexa explanação do eu que Freud desenvolve, seria proveitoso partir da análise feita dos sonhos de Dora, incluída no Capítulo 2. Naquela ocasião, os sonhos eram vistos como de importância vital tanto para entender os contornos da doença de Dora quanto como um meio de revelar suas intenções. Ao transferir nossa atenção para um dos sonhos do próprio Freud, somos capazes de captar um sentido do motivo pelo qual alguns psicanalistas não ficam totalmente satisfeitos com a ideia de que a última explanação que Freud fez da mente seja a definitiva. O modelo topográfico, que serve de suporte para a elaboração da sua teoria dos sonhos, bem poderia ser visto como propiciador de uma atenção maior ao movimento nos sonhos do que a permitida pelo modelo estrutural bastante mais rígido do estágio final de seu pensamento. Ao mesmo tempo, analisar um dos sonhos de Freud ilumina a atemporalidade do inconsciente e o efeito que isso poderia ter em nossa forma de entender a nós mesmos.

Na noite de 23-4 de julho de 1895, Freud teve um sonho que se revelou um dos mais importantes na história da psicanálise. Podemos obter alguma noção de seu alcance, a partir de uma carta a seu amigo Wilhelm Fliess, escrita cinco anos depois. Visitando a casa onde tinha tido esse sonho, Freud se pergunta se "algum dia uma placa de mármore será colocada na casa com a seguinte inscrição: 'Nesta casa, em 24 de julho de 1895, o segredo dos sonhos foi revelado ao dr. Sigm. Freud'" (Freud, 1900: 121n).

Esse sonho, conhecido na história psicanalítica como o "sonho da injeção de Irma", é o primeiro sonho que ele submete a uma plena interpretação psicanalítica. Através dessa análise detalhada, ele fornece um modelo para a futura interpretação de sonhos, além de identificar os processos do inconsciente. A análise de Freud afirma que os sonhos são fenômenos com muitas camadas que precisam ser trabalhadas para que eles sejam interpretados. Material que associa preocupações atuais a acontecimentos enterrados há muito tempo na psique pode ser discernido, se o conteúdo dos sonhos for explorado com rigor. No caso do sonho com Irma, também é revelada a capacidade do inconsciente de saber mais acerca de nossa disposição atual do que talvez estejamos preparados para aceitar na hora do próprio sonho. A presença espectral de Wilhelm Fliess, amigo de Freud, assombra esse sonho e sugere parte dos sentimentos conflitantes de Freud para com esse amigo. Esses sentimentos não são admitidos na interpretação que ele faz, mas, se considerarmos a vida posterior do sonho, eles serão iluminados quando o sonho for lembrado anos mais tarde e a amizade estiver terminada.

O modelo que Freud fornece para a interpretação de sonhos começa com uma descrição do contexto para o sonho. Ele ocorre durante sua análise de uma jovem no verão de 1895. Freud indica algumas tensões pessoais em torno desse caso. A paciente "é muito simpática comigo e com a família" e, prossegue ele, "é fácil compreender que uma relação com muitos aspectos como essa pode ser uma fonte de perturbação emocional para um médico e em especial para um psicoterapeuta" (Freud, 1900: 106). É uma preocupação particular o efeito que qualquer fracasso na análise poderia ter sobre a relação com a paciente e sua família. E essa é uma questão real: até o momento, a análise não vem andando tão bem assim. Freud registra seu "sucesso parcial" (Freud, 1900: 104); mas, embora parte de sua angústia histérica tenha sido aliviada, alguns dos sintomas da paciente persistem. O tratamento foi interrompido para as férias de verão. A essa altura, Freud recebe uma visita de Oskar Rie, um colega mais novo que atendeu recentemente essa mesma paciente. Rie tece comentários – nem um pouco favoráveis – sobre a saúde da paciente, agora identificada como "Irma". Freud acha que está sendo criticado, embora na ocasião não se dê conta da profundidade de seus sentimentos diante dessa aparente censura. Ele fica, porém, perturbado o suficiente para redigir um histórico do caso, com a intenção de entregá-lo a outro amigo e colega, Josef Breuer, "para me justificar" (Freud, 1900: 104). Essas preocupações e temores são os acontecimentos da vida real que determinam o conteúdo do sonho.

O sonho começa num grande salão, com Freud recebendo convidados, dentre os quais está Irma. Ele a repreende por não aceitar a solução que ele oferece para sua doença e lhe diz: "Se você ainda tem dores, realmente é só por culpa sua." Ela responde dizendo que está sofrendo de dores terríveis na garganta, no estômago e no abdômen. Freud fica alarmado com a aparência da paciente, que está pálida e inchada, e a leva a uma janela para poder examiná-la melhor. Ela resiste às tentativas dele de examinar sua garganta, e ele atribui isso ao tipo de comportamento "recalcitrante" manifestado por mulheres que usam dentadura. Essa falta de disposição para cooperar o irrita. Por fim, ela abre a boca direito, e ele encontra uma placa branca com "crostas de um cinza esbranquiçado sobre umas estruturas encaracoladas notáveis que evidentemente tinham sido modeladas nos ossos turbinados do nariz". Freud chama o "Dr. M." (cognome que ele dá a seu amigo e colega Breuer), que repete o exame e o confirma. Freud percebe que o Dr. M. não tem a aparência de sempre – ele está pálido, caminha mancando e está com a barba raspada. Seus amigos "Otto" (Oskar Rie) e "Leopold" (Ludwig Rosenstein) agora juntam-se a ele. Leopold examina Irma "através do corpete", observando que "ela está com uma área insensível na parte inferior à esquerda". Ele também observa que a pele no ombro esquerdo está infeccionada de modo semelhante. O Dr. M. comenta: "Sem dúvida há uma infecção, mas não importa; sobrevirá uma disenteria, e a toxina será eliminada." A origem dessa infecção é clara: não muito tempo antes, Otto tinha aplicado na paciente uma injeção de "propil, propilos... ácido propiônico... trimetilamina". Freud acha que uma coisa dessas não deveria ser feita de modo impensado e conclui ser "provável que a seringa não estivesse limpa" (Freud, 1900: 107). Esse então é o que Freud chama de *conteúdo manifesto* do sonho. O que ele transmite é uma descrição direta. Ele observa a ligação com os acontecimentos do dia anterior. Embora esteja claro que há alguma ligação, aqueles acontecimentos não permitem a compreensão de todos os aspectos do sonho. Qual é a razão dos sintomas espantosos que Irma apresenta? Por que a injeção "absurda"? Nenhum desses dois acontecimentos do sonho remetem aos acontecimentos do dia anterior. Freud considera o sonho desnorteante e acredita que "mais para o fim, o sonho me pareceu mais obscuro e denso do que no início" (Freud, 1900: 108).

Interpretar o sonho não é nem um pouco direto. Seu significado é obscuro, não transparente. Para discernir seu significado, é necessário realizar uma análise detalhada do sonho. Freud procura descobrir o *conteúdo latente* do sonho; em outras palavras, ele busca o significado subjacente às partes que o compõem. A essa altura, poderíamos nos perguntar por que precisamos pressupor algum significado além daquele que o sonho apresenta. Considerando-se as ligações óbvias com os acontecimentos do dia anterior, será que ele não poderia simplesmente ser compreendido como uma brincadeira da mente com aqueles acontecimentos? Freud refuta essa sugestão, alegando que, quando é empreendido o trabalho da análise, vêm à tona aspectos surpreendentes, que não podem ser explicados dessa forma limitada.

E assim Freud começa. Ele decompõe o sonho em partes para que cada parte possa ser examinada minuciosamente. Adota essa abordagem porque acredita que os sonhos sejam *formações compostas* (Freud, 1900: 104): pode-se demonstrar que, quando analisado, o material que constitui o sonho revela ter sido extraído de uma série de fontes e períodos da vida de quem sonha. Esse conteúdo variado é utilizado para mascarar a ideia ou o sentimento central que está emergindo do inconsciente. Na época em que está escrevendo *A interpretação dos sonhos,* Freud está trabalhando com o modelo topográfico da mente. Esse modelo sugere um movimento psíquico em que o que é inconsciente faz pressão rumo à consciência. Para um pensamento inconsciente tornar-se consciente, é preciso que ele primeiro se torne "pré-consciente"; capaz de, em tese, ser examinado e compreendido. Esse material "pré-consciente" torna-se disponível – se bem que de forma disfarçada – nos sonhos. Ele é disfarçado para escapar do processo de censura pelo qual esse tipo de material perturbador foi recalcado logo de início e, desse modo, tornado inconsciente. Contudo, através da adoção dessa forma obscura, ele procurou escapar aos processos de recalque e agora está aberto para a possibilidade de tornar-se consciente, se for interpretado.

Para ter acesso a esse material oculto, Freud emprega o método da associação livre que desenvolveu ao longo do seu trabalho com pacientes histéricos. O conteúdo de cada segmento do sonho é sujeito a essa reflexão descontraída. Qualquer coisa que venha à mente é levada em consideração, não importa sua qualidade ou sua pertinência percebida para a interpretação do material do sonho. Segue-se uma análise exaustiva de todos os elementos individuais do sonho, muito embora, como veremos, haja uma noção de que elementos cruciais dessa análise não são apresentados no texto, sendo apenas revelados mais tarde, na correspondência particular de Freud.

A construção de Irma no sonho é particularmente importante para revelar a atemporalidade do inconsciente. Freud logo percebe que a "Irma do sonho" não deve ser simplesmente identificada como sua paciente problemática. Essa percepção tem início quando ele se dá conta da diferença de aspecto entre a Irma "real", que tem as faces rosadas, e a Irma "do sonho", que tem o rosto pálido. Refletindo sobre essa diferença, Freud começa a suspeitar que ela "está substituindo alguma outra pessoa" (Freud,

1900: 109). Em vez de a "Irma" representar apenas uma outra mulher, mais associações propõem que uma série de mulheres está por trás da mulher do sonho. Entre elas estão a mulher de Freud "Martha" e uma amiga de Irma, que Freud suspeita que também sofra de histeria, mas que na sua opinião seria mais receptiva como paciente do que a Irma verdadeira. Nos termos do sonho, essa recém-chegada abriria a boca direito para "engolir" o diagnóstico dele (Freud, 1900: 111). A Irma composta revela um aspecto importante das alegações de Freud acerca de sonhos: eles são *sobredeterminados*. Muitas camadas são sobrepostas para mascarar o pensamento ou o desejo inconsciente que está sendo empurrado na direção da consciência. Uma vez submetidas a interpretação, essas tentativas de disfarçar um pensamento ou sentimento inaceitável revelam preocupações significativas.

Quando Freud apresenta sua análise em *A interpretação dos sonhos,* ele se esquiva de modo surpreendente de explorar aqueles aspectos do sonho que indicam elementos sexuais em atuação. Registrando que Irma é examinada "apesar do seu vestido", ele deliberadamente descarta a carga erótica de examinar uma paciente através das roupas, embora esse comentário faça com que se lembre, sim, de um médico que parece ter tido problemas exatamente por esse motivo. Entretanto, quando ele reflete sobre que significado essa ligação poderia ter acerca de seus desejos, sua resposta surpreende pelo puritanismo: "Não tive nenhum desejo de me aprofundar mais a essa altura" (Freud, 1900: 113). Uma estranha falta de interesse por questões sexuais, e uma reação que não se encaixa bem com a importância que ele atribui à sexualidade. Mas isso ocorre no início de sua carreira, numa época em que ele está se esforçando para tornar essas novas ideias aceitáveis para um público mais numeroso – mesmo que não necessariamente de cabeça mais aberta. Em carta a Karl Abraham, psicanalista colega seu, escrita algum tempo depois, em 1908, Freud volta ao aspecto sexual desse sonho. Ele está disposto a compartilhar com Abraham suas reflexões sobre o número de mulheres que integra a composição de Irma (*Sammelperson*): "a megalomania sexual está oculta por trás disso... elas são todas minhas!". No território particular da carta, "engolir" um diagnóstico e o exame físico assumem um tom com maior carga sexual, sugerindo a existência de mais camadas de significado à espera de serem exploradas, no conteúdo de um único sonho.

Essa omissão insinua mais um problema com o método pelo qual Freud estabelece a existência do inconsciente. Como vimos, ele se origina das tentativas de Freud de entender os sintomas da histérica bem como de sua autoanálise, da qual suas investigações dos sonhos fazem parte. Mas na prática e na teoria psicanalítica que ele então passa a desenvolver, o tipo de análise ao qual ele está submetendo o sonho com Irma exigiria a presença de um analista. Isso é importante porque essa segunda pessoa pode questionar e investigar as interpretações de quem sonhou, pressionando-o exatamente no que diz respeito às associações perturbadoras que Freud deseja evitar.

Em *A interpretação dos sonhos,* a análise dá mais uma guinada incômoda. Freud reflete sobre o segundo exame, realizado pelo Dr. M., que ele conclui ter a aparência de seu irmão mais velho, com quem ele recentemente teve uma desavença. Essa sensação de estar em desacordo com alguém é espelhada numa experiência aflitiva que ele teve quando era um médico jovem. Freud tinha prescrito uma substância – sulfonal, que na época era considerada inofensiva – para uma mulher que, em consequência da medicação, sofreu uma intoxicação grave. Foi necessária a intervenção de um médico mais experiente para lidar com os efeitos. Freud observa que o nome da paciente era Mathilde, o mesmo nome de sua filha mais velha, que acabava de se recuperar de uma enfermidade grave.

> Nunca tinha me ocorrido antes, mas agora aquilo me atingia quase como um ato de represália por parte do destino. Era como

se a substituição de uma pessoa pela outra devesse ser continuada em outro sentido: essa Mathilde por aquela Mathilde, olho por olho e dente por dente (Freud, 1900: 112).

Não foi a última vez que Freud fez uma associação quase religiosa entre duas pessoas ou dois acontecimentos diferentes (tema ao qual voltaremos no próximo capítulo). Mas veja que Freud declara só ter levado em conta essa ligação entre as duas Mathildes depois de ter tido o sonho. Algum aspecto novo está se manifestando através do conteúdo do sonho.

Essa etapa na análise revela o que parece ser seu interesse principal. Lembrar-se de uma experiência de incompetência no passado inspira uma angústia específica. Será que ele é realmente um bom médico? Entender essa angústia nos leva ao cerne de *A interpretação dos sonhos*: Freud alega que todos os sonhos são realizações de desejos, daí sua importância em termos fisiológicos e psicológicos. Eles proporcionam o prazer de ver nossos desejos realizados, de garantir o sono profundo fisiologicamente necessário para a boa saúde. Eles são significativos sob o aspecto psicológico porque permitem acesso aos desejos inconscientes do indivíduo. Isso nos deixa com uma interrogação sobre pesadelos e sonhos que repetem experiências traumáticas. Esses não correspondem diretamente a realizações de desejos e, como vimos, levam Freud àquilo que está "além do princípio de prazer": o princípio de morte, encontrado na repetição e no desejo de retornar todas as coisas a um estado inanimado.

O sonho com Irma é, no entanto, um exemplo direto de um desejo realizado. Freud deseja ser visto como um bom médico. Em poucas palavras, o sonho tem a seguinte mensagem: "Sim, sou um bom médico. O problema está com a paciente." Contudo, ao designar o sonho como a realização de um desejo, Freud também revela algo do inconsciente, que sabe mais do que nosso eu consciente sobre nossas atitudes, desejos, temores e angústias. Isso é mostrado em forte destaque quando são levados em consideração os aspectos do sonho que ele deixa de lado em sua análise.

A questão da imperícia médica é exposta, tendo como pano de fundo a forte e difícil amizade de Freud com Wilhelm Fliess. Fliess foi o primeiro dos amigos íntimos com quem Freud compartilhou a evolução de suas ideias. Especialista em otorrinolaringologia, Fliess criou um laço fortíssimo com Freud, que, mais tarde, Freud haveria de considerar ter um toque de sentimentos homossexuais não admitidos. Na época do sonho da injeção de Irma, Fliess era a pessoa com quem Freud mais compartilhava suas ideias sobre a aventura psicanalítica em que tinha embarcado. No sonho em si, Fliess é uma presença anônima, identificada apenas pela menção feita à fórmula química da injeção, que inclui trimetilamina. Essa substância Freud associa a Fliess, pois Fliess sustentava que a trimetilamina estava ligada à química dos processos sexuais (Freud, 1900: 116).

Existe outra ligação, mais perturbadora, entre Fliess e o conteúdo do sonho, que Freud prefere omitir. Uma paciente de Freud era uma mulher chamada Emma Eckstein. Além de outros sintomas histéricos, ela padecia de frequentes hemorragias nasais. Freud ficou preocupado com a possibilidade de esses sangramentos terem uma causa fisiológica e pediu a Fliess que a examinasse. Fliess a examinou e acabou por fazer uma cirurgia em seu nariz. Isso não melhorou nem um pouco o problema de Emma. O sangramento ficou mais intenso depois da operação e agora era acompanhado por um cheiro horrível. Mais um exame, por outro médico, revelou que Fliess tinha deixado gaze na cavidade nasal da paciente. Sua negligência foi, portanto, responsável por exacerbar o sofrimento de Emma.

Se nossa fonte fosse apenas a interpretação do sonho com Irma por parte de Freud, não saberíamos praticamente nada sobre essa sequência de acontecimentos. As estruturas na garganta de Irma, que são parecidas com ossos do nariz, fazem alusão à especialidade médica de Fliess; e a questão subjacente dos procedimentos profissionais insinua que – pelo menos no inconsciente – o reconhecimento do desleixo de Fliess está se manifestando. No sonho, porém, o ato distraído de Fliess é agora um erro de Otto/Oskar Rie, com Freud se esforçando ao máximo para negar qualquer ligação entre seu amigo Fliess e algum erro médico.

Alguns anos mais tarde, houve o rompimento da relação com Fliess. Na ocasião do sonho, as dúvidas que Freud aparenta ter tido acerca do caráter e do comportamento do amigo são praticamente inaceitáveis para o eu consciente. De fato, Peter Gay registra que, em carta escrita a Fliess algumas horas depois de sonhar com Irma, Freud não faz a menor menção ao sonho que ele nitidamente investiu de tanta importância. Dado o papel de Fliess como seu confidente, isso parece surpreendente e oferece alguma percepção por parte de Freud do que o sonho sugere. Revisitado à luz do posterior rompimento da amizade entre eles, a mensagem do sonho parece bem diferente de como é apresentada na análise publicada. Levando-se em conta acontecimentos posteriores, o sonho poderia ser encarado como um aviso sobre um amigo difícil e potencialmente perigoso. Interpretado desse modo, o sonho dá a entender que o inconsciente tem maior percepção dos conflitos com que lutamos em determinado período do que o eu consciente.

Examinar a sobrevida desse sonho importante diz alguma coisa sobre a criatividade do inconsciente, que não pode ser reduzida à interação entre acontecimentos somente passados e presentes. Alguns sonhos têm uma qualidade quase profética, que talvez sugira razões para a ideia comum em tempos antigos de que eles preveem acontecimentos futuros. Rosine Perelberg retoma esse ponto, afirmando que o primeiro sonho que um cliente traz para a análise revela invariavelmente o contorno da futura relação terapêutica, bem como as questões que virão a dominá-la. Freud não se sente nem um pouco à vontade com a ideia de que os sonhos vaticinem o futuro: "Seria mais verdadeiro dizer, em vez disso, que eles nos transmitem conhecimento do passado" (Freud, 1900: 621). Mesmo que essa afirmação esteja correta, é importante reconhecer de que modo o passado que nos moldou continua a influenciar experiências presentes e futuras. No sonho com Irma, o inconsciente revela estar adiante do eu consciente de Freud, ao identificar a natureza problemática de sua relação com Fliess e os defeitos de seu amigo. Os problemas da relação que virão a prejudicar seu futuro são prenunciados no conteúdo não analisado do sonho.

Os sonhos dão alguma ideia da fluidez de uma descrição da mente que leva a sério a ideia de processos inconscientes. O modelo topográfico tem utilidade especial para essa parte do trabalho psicanalítico, pois permite que o movimento dos processos psíquicos seja mapeado, proporcionando uma tela útil em comparação com a qual a interpretação pode se realizar. Mas nenhuma interpretação pode ser fixa: considerando-se a noção de um inconsciente atemporal, há um campo significativo para que as interpretações mudem com o tempo.

No sonho com Irma, experiências e preocupações passadas, presentes e futuras são usadas para estruturar a narrativa. Isso faz algumas revelações sobre a experiência humana: ela nunca é determinada simplesmente por acontecimentos atuais, pois experiências passadas moldam tanto esse presente como a forma pela qual nosso futuro se desenrolará. Essa complexa interação de períodos diferentes em nossa vida dá alguma indicação da natureza fragmentada da identidade humana. Nossos atos e sentimentos nunca são totalmente transparentes para nosso eu consciente. O inconsciente, que também nos molda, não é limitado pela coerência ou pela continuidade temporal e pode projetar ideias ou sentimentos que nosso eu consciente luta para identificar. Na vigorosa expressão da analista francesa Julia Kristeva, isso significa que somos "estrangeiros para nós mesmos". Se quisermos "nos conhecer", precisaremos reconhecer nossa localização não apenas no tempo, mas também no mundo atemporal dos processos inconscientes. Nada é posto totalmente de lado; nada jamais é realmente passado. É contra esse pano de fundo que se realiza o difícil trabalho de formação do caráter, que estrutura as reflexões posteriores de Freud sobre o ego e o id; e não há nada que esteja assegurado quanto a seu resultado. Segundo esse modelo, estabelecer o eu é uma atividade precária; mas, como veremos, ela também proporciona possibilidades criativas para o animal humano.

O tempo e o Homem dos Lobos

Reconhecer a complexa construção dos sonhos indica que não há nada de direto no funcionamento do inconsciente. Os sonhos são sobredeterminados. São modelos compostos que precisam ser desfeitos com cuidado para que se obtenha algum sentido daquilo que o inconsciente está procurando revelar. Nessas circunstâncias, conseguir a consciência de si mesmo exige que a pessoa adquira o tipo de habilidade necessária para ler um romance policial. É preciso paciência para acompanhar as diferentes voltas e desvios que o inconsciente faz à medida que constrói sua narrativa. De modo significativo, essas habilidades são necessárias não só para a interpretação dos sonhos, mas também para lidar com nossas lembranças.

Num de seus primeiros trabalhos, "Lembranças encobridoras" (1899), Freud examina a capacidade do inconsciente de moldar nossas lembranças do passado. O que lembramos da infância não é necessariamente uma representação pura e simples do que realmente ocorreu. Aquilo de que nos lembramos costuma parecer pequeno e insignificante. Freud propõe que esse não é o caso. O que temos nesse tipo de lembrança é o resultado de lutas entre a força que procura lembrar uma experiência importante e outra força psíquica que procura impedir que ela chegue ao conhecimento. Para que ela venha à tona, é produzida uma imagem para o acontecimento original que substitui a imagem original.

Em "Lembranças encobridoras", Freud investiga uma lembrança de estar brincando num prado com seu primo e sua prima. O prado está coberto de flores amarelas, que eles estão colhendo juntos. Ele e o primo investem contra a prima, arrancando suas flores. Ela começa a chorar e, como consolo, uma camponesa que mora ali perto lhe dá um pedaço de pão. Tudo isso pareceria bastante direto.

No entanto, Freud não está convencido de que essa lembrança registre de fato um dia no campo. Para começar, por que motivo, dos muitos acontecimentos do seu passado, ele se lembra desse específico com tanta clareza? Foi o gosto do pão? A cor das flores? Ele conclui que "alguma coisa não [está] muito certa com essa cena" (Freud, 1899: 312). Ele se dá conta de que nem sempre se lembrou desse momento brincalhão. Parece que ele só lhe veio à mente, quando estava com 17 anos e apaixonado pela primeira vez. O alvo de seu afeto voltou para a escola, e ele está melancólico. Pensa principalmente no vestido amarelo dela. Três anos depois, planos de casá-lo com a prima daquela lembrança original dão em nada, mas há uma nostalgia em pensar como sua vida poderia ser confortável se os dois tivessem se casado. A lembrança é assim moldada por interesses atuais – um vestido amarelo, o saboroso pão caseiro que poderia ser dele – em vez de por acontecimentos passados. Mais que isso, essa lembrança é estruturada pelas emoções e desejos associados à experiência "lembrada". A cena original, com seu "defloramento", sugere os desejos sexuais da infância. No presente, é acionada alguma coisa que influencia a ligação com o passado. Desse modo, "pode-se de fato questionar se temos absolutamente qualquer lembrança da nossa infância: lembranças *relacionadas* a nossa infância podem ser tudo o que temos" (Freud, 1899: 322). As lembranças, como os sonhos, não são nem um pouco simples e diretas. Não é tanto que o passado esteja sendo lembrado, mas, sim, que o presente influencie nossas recordações daquele passado; e esses desejos do presente estão, eles também, sendo influenciados pelos desejos do passado. O que temos na memória, como nos sonhos, é uma trama complexa de experiências, tempos, acontecimentos e emoções diferentes.

Alguns anos depois, Freud voltou à questão de como funciona a memória. Por que um acontecimento passado que não foi vivenciado como traumatizante na época volta para atormentar a pessoa em data posterior?

Essa pergunta surge no estudo de caso de Sergei Pankejeff, imortalizado como "o Homem dos Lobos", alcunha expressiva, decorrente do sonho que constitui, como veremos, o foco do seu caso. A história do Homem dos Lobos é fascinante, principalmente porque sabemos muito sobre a forma que sua vida psíquica assumiu depois de sua análise com Freud. Analisado por Freud entre 1910 e 1914, e novamente em 1919, ele em 1926 se submeteu a mais um período de análise, com Ruth Mack Brunswick. A análise com Brunswick decorreu de uma soma de problemas diferentes, o que exemplifica parte da dificuldade de aceitar que qualquer período de análise possa levar a uma "cura" definitiva para todos os males psíquicos. A análise original com Freud e a posterior com Brunswick fornecem exemplos convincentes do tempo inconstante do inconsciente. O que preocupa em algum momento da vida poderia parecer bem diferente alguns anos depois.

Quem era o Homem dos Lobos e o que o levou a Freud para começar? Filho de um rico proprietário de terras russo, Pankejeff tinha sido deixado incapacitado e totalmente dependente de terceiros, por uma infecção de gonorreia. Quando Freud apresenta esse caso, ele nos diz que sua intenção não é a de fornecer um relato completo da análise, mas examinar a neurose infantil do paciente como um modo de lançar luz sobre aspectos do desenvolvimento da criança. Até os dez anos de idade, Pankejeff padecia de uma "histeria de angústia" que se manifestava como uma fobia a animais: ele tinha pavor de cavalos. Com o tempo, essa fobia transformou-se numa neurose obsessiva, direcionada para rituais e observância religiosa. Freud descreve o processo que levou a essa transformação: processo que dá algumas pistas da forma peculiar de funcionamento do tempo no mundo psíquico.

À primeira vista, a infância de Pankejeff não teve nada de notável. Seus pais pareciam felizes até sua mãe começar a sofrer de vários transtornos abdominais; e seu pai, de depressão. Sob os cuidados de uma babá que era muito afeiçoada a ele (sua "Nanya"), ele era uma criança tranquila e bem-comportada, que com frequência suscitava o comentário de que deveria ter nascido menina. Entretanto, depois que ele e sua irmã mais velha foram deixados com uma governanta inglesa num verão, seu comportamento sofreu uma mudança radical. Ao retornarem, os pais o encontraram "descontente, irritadiço e violento" (Freud, [1914] 1918: 15). A culpa dessa transformação foi atribuída à governanta inglesa e à sua relação difícil com Nanya. Na análise surgiu uma origem diferente. Durante esse verão, sua irmã o tinha seduzido. Esse despertar da sexualidade aos três anos e três meses de idade coincidiu com sua descoberta dos prazeres da masturbação e com a ameaça, por parte da babá, de castrá-lo, se ele continuasse com essa atividade prazerosa. Tendo visto a irmã e uma amiga urinando, ele percebeu que nenhuma das duas tinha pênis. No esforço para entender essa informação recém-adquirida sobre a anatomia feminina, ele concluiu que a ameaça de Nanya era verdadeira. Ele desenvolveu, associada a essa sedução, uma identificação sexual passiva, com um objetivo sexual passivo: ele extraía prazer de ser castigado e se esforçava ao máximo para fazer com que seu pai o punisse, para obter o prazer sexual masoquista pelo qual ansiava.

Ao examinar a infância do Homem dos Lobos, Freud registra duas fases. Dos três anos e três meses aos quatro anos de idade, ele se comportava mal e exibia sinais de desejos sexuais pervertidos: gostava de espancar animais. Seguiu-se a esse período uma fase durante a qual ele se tornou cada vez mais neurótico e cada vez mais religioso. A transição entre essas fases foi assinalada por um sonho. É esse sonho que lhe dá seu pseudônimo, mas ele também tem uma importância mais ampla para a teorização de Freud quanto à experiência do tempo para o desenvolvimento da mente.

> Sonhei que era de noite e eu estava deitado em minha cama. (Minha cama ficava com o pé virado para a janela; diante da janela havia uma fileira de velhas nogueiras. Sei que era inverno quando tive o sonho e que foi durante a noite.) De repente, a janela abriu-se sozinha, e eu fiquei apavorado ao ver que alguns lobos brancos estavam sentados na grande nogueira diante da janela. Eram seis ou sete. Os lobos eram totalmente brancos e eram mais parecidos com raposas ou cães pastores, porque tinham o rabo grande, como as raposas, e suas orelhas estavam empinadas, como as de cachorros quando estão prestando atenção a alguma coisa. Aterrorizado, evidentemente com a perspectiva de ser devorado pelos lobos, dei um berro e acordei (Freud, [1914] 1918: 29).

Freud pede a Pankejeff que faça uma associação livre em torno dos elementos do sonho. Os lobos fazem com que se lembre de uma ilustração de um lobo sentado sobre as patas traseiras, vista num livro de contos de fadas. Sua irmã o aterrorizava impiedosamente, mostrando-lhe essa imagem. A árvore também faz com que se lembre de uma história de fadas. Nessa história, a casa de um alfaiate é invadida por um lobo. O alfaiate arranca o rabo do lobo, que foge. Posteriormente, o alfaiate depara de novo com o lobo sem rabo, só que dessa vez ele está com muitos outros lobos. O alfaiate se esconde no alto de uma árvore. Os lobos sobem uns em cima dos outros para alcançá-lo, mas ele os espanta dali, fazendo com que se lembrem de como arrancou o rabo do lobo. A "brancura" dos lobos, Pankejeff associa a um rebanho de carneiros que ele costumava visitar com o pai e que morreu numa epidemia.

Associações importantes cercam a janela que se abre sozinha. Pankejeff se pergunta se essa "abertura" está relacionada a ele ter aberto os olhos. O sonho parece terrivelmente real, e isso sugere que ele presta testemunho de alguma coisa. Alguma coisa está sendo lembrada no sonho. Isso pareceria fazer sentido. Quantos de nós se lembram de sonhos da infância? É evidente que esse sonho causou uma impressão fortíssima. Tão forte que Pankejeff o pinta. (O quadro está no acervo do Freud Museum em Londres.) Alguma coisa de enorme significância está se expressando no sonho.

A essa altura do estudo de caso, Freud interrompe sua narrativa para dirigir-se ao leitor. Reconhece que a próxima parte da interpretação exige um considerável salto da imaginação, pois ele sustenta que o sonho atesta a visão de alguma coisa. Quando estava com um ano e meio de idade, Pankejeff viu os pais fazendo sexo. Por estar com malária, Pankejeff dormia no quarto dos pais. Ele acorda e vê o pai penetrando a mãe por trás. Desse modo, ele pode ver a genitália da mãe. Além disso, não entende o que viu. É só na época do sonho, mais ou menos aos quatro anos de idade, que ele consegue entender alguma coisa da cena, por causa das experiências e pesquisas sexuais que acumulou desde que presenciou a relação dos pais.

O que extraímos dessa asserção sem dúvida dependerá de até que ponto é seguido o método de associação livre de Freud e são aceitas as interpretações. O lobo sentado nas patas traseiras é a imagem do pai; o lobo sem rabo é uma imagem de castração; os carneiros brancos mortos representam a punição; a imobilidade dos lobos é uma inversão dos movimentos feitos pelos pais durante a cópula (com essa inversão funcionando para mascarar aquilo a que o sonho se refere). Se aceitarmos essas ligações, poderemos admitir a conclusão de Freud. Se não as aceitarmos, não concordaremos com essa conclusão.

O que acontece em consequência do sonho é o que Freud julga significativo. A essa altura, o conceito de *nachträglichkeit* [ação diferida] passa a ser uma importante ferramenta teórica. A tradução francesa de *après-coup** para esse fenômeno capta de modo mais claro o que interessa a Freud. Ocorre uma espécie de "efeito posterior" (tradução literal de *après-coup*); é esse efeito posterior que Freud deseja rastrear.

O sonho marca uma mudança no comportamento de Pankejeff, mas produz mais do que isso. O sonho acontece quando Pankejeff está começando a ter uma compreensão maior acerca da sexualidade. Logo, ele precisa ser visto no contexto dos tipos de teorias sexuais formuladas por crianças que Freud enuncia em outro texto (Freud, 1908b). À medida que vão crescendo, as crianças ficam curiosas por saber o que traz novas crianças ao mundo. Suas investigações bem podem ser instigadas pela tentativa de entender o nascimento de um irritante irmãozinho que as deslocou de sua posição como objeto principal do interesse e afeto dos pais. Os pais contam histórias de cegonhas para explicar a presença do recém-chegado, histórias que a criança rapidamente percebe que não podem ser verdadeiras. Elas suspeitam que essas histórias escondem uma realidade mais perturbadora, sobre a qual o genitor se recusa a falar. Procurando preencher as lacunas, elas usam aspectos de sua própria experiência para explicar a reprodução. É assim que fantasias, medos e desejos vêm compor a compreensão deles de seus genitores e de sua relação. Muito mais adiante em seu pensamento, Freud sugere o poder duradouro dessas teorias: elas continuam a ser mantidas muito depois de a criança ter recebido "esclarecimentos sexuais" (Freud, 1937a: 234), tamanho é o poder criativo e construtivo da imaginação da criança.

Podemos nos dispor a aceitar essas alegações. Afinal, as crianças são curiosas e acabam desenvolvendo teorias para explicar

---

* "*A posteriori*" em português. (N. da T.)

fenômenos que os pais não desejam explicar. Poderíamos até mesmo aceitar a tensão entre saber os fatos sobre a relação sexual e ainda ser afetado pelas teorias que se desenvolveram antes que se tivesse conhecimento desses fatos. No entanto, Freud vai mais além, postulando conclusões específicas que podem ser mais difíceis de aceitar.

Isso diz respeito a sua identificação de uma teoria infantil central, mantida pelos meninos, de que todas as pessoas têm pênis. Perceber que as meninas não têm pênis leva à conclusão, não de que ele nunca esteve ali, mas de que foi retirado. Com isso se estabelece o medo da castração (Freud, 1908b: 216-7). A violência desse ato imaginado encontra paralelo nas fantasias que a criança constrói acerca da relação dos pais. Se a relação sexual tiver sido presenciada, imaginada ou elaborada a partir de ruídos provenientes do quarto dos pais, é provável que ela seja interpretada como alguma coisa violenta, o que Freud denomina "a teoria sádica do coito" (Freud, 1908b: 221). Provas para sustentar essa teoria poderiam ser fornecidas se a criança encontrar manchas de sangue menstrual nos lençóis dos pais ou nas calcinhas da mãe. O sexo é imaginado como uma forma de violação (Freud, 1908b: 221-2).

Aplicadas ao caso do Homem dos Lobos, essas teorias de violência proporcionam explicações para a forma assumida por sua fobia e pela neurose posterior. À luz das novas informações que o Homem dos Lobos recebe sobre a sexualidade (mesmo que essas experiências infantis sejam imperfeitas e estruturadas através de fantasias), ele deseja ocupar o lugar da mãe, vista tantos anos atrás, e copular com o pai. Contudo, agora está em vigor a proibição à masturbação, acompanhada do medo da castração, e assim o desejo precisa ser recalcado. O desejo pelo pai torna-se medo, que se manifesta na fobia a animais. O pai, postado atrás da mãe, enquanto fazem sexo, assume a forma do lobo de que ele tem tanto medo.

De acordo com Perelberg, esse estudo de caso é valioso para o modo de Freud entender a relação entre realidade e fantasia; o mundo dos fatos e o mundo interior do inconsciente. Para compreender o que move a fobia e a neurose obsessiva do Homem dos Lobos, não basta tratar somente do que ele viu, mas também do modo pelo qual o que ele viu é interpretado muito tempo depois. Em outras palavras, uma teia de fantasias, teorias e perguntas sobre o mundo exterior forma-se na imaginação da criança e, muito mais tarde, reinterpreta o que foi visto no passado. Isso levanta a questão crucial sobre a relação entre fantasia e realidade. Não se trata tanto assim de que a experiência gere as fantasias. O que esse caso sugere é que, à medida que ganham corpo, essas fantasias chegam a moldar a forma pela qual o mundo exterior é interpretado. Isso inclui não apenas o presente, mas o passado também. Como diz Perelberg, Freud levanta uma questão referente ao ponto até o qual é a história factual que produz fantasias e, do contrário, até onde a produção do próprio acontecimento é governada por fantasias preexistentes. Isso envolve uma reorientação fundamental relativa ao tempo. Não é exatamente presenciar a relação entre os pais que cria um problema para o Homem dos Lobos. O que torna a cena problemática é a recordação dela com o pano de fundo do desenvolvimento de suas teorias infantis acerca da experiência sexual. Desse modo, a mãe castrada é submissa à vontade do pai; o menino cria a fantasia de ocupar o lugar da mãe; ele receia que ter esse tipo de desejo levará o pai a castrá-lo; e assim por diante.

Para Freud, o desenvolvimento psicossexual não pode simplesmente ser reduzido à mudança dos centros do prazer, localizados em diferentes funções corporais, que a criança vivencia. Sua psicologia do desenvolvimento não tem uma forma simples e direta. As experiências da criança são sempre mediadas pelas fantasias e teorias que surgem em resposta às mudanças em sua experiência do mundo. Isso requer uma compreensão complexa da relação entre acontecimentos reais e a reelaboração imaginativa desses acontecimentos. Nas palavras de Freud:

> Cenas da tenra infância... não são reproduções de ocorrências reais, às quais é possível atribuir uma influência sobre toda a vida posterior do paciente bem como sobre a formação dos sintomas... [Elas são, sim,] produtos da imaginação, que encontram instigação na vida madura, que pretendem servir como algum tipo de representação simbólica de desejos e interesses reais e devem sua origem a uma tendência regressiva, a uma rejeição às tarefas do presente (Freud, [1914] 1918: 49).

Isso questiona a crítica comum feita à psicanálise por ter uma "obsessão pelo passado". O passado é uma característica significativa para a compreensão do desenvolvimento de doenças neuróticas e também do caráter. Mas ela nunca é uma identificação tão simples e direta assim. O que o caso do Homem dos Lobos dá a entender é uma localização mais complexa do indivíduo no mundo e no tempo. A importância de acontecimentos passados pode ser reativada no presente porque alguma coisa no presente conferiu a um acontecimento passado uma aparência bastante diferente. A lembrança foi transformada, marcada agora por uma angústia acerca do significado e das possibilidades de relações atuais.

A terapia psicanalítica: brincando com o tempo

A transformação da memória no caso do Homem dos Lobos apresenta possibilidades criativas para o processo terapêutico. E talvez seja essa ligação com o trabalho prático da terapia que torna tão interessantes as reflexões sobre o tempo e o inconsciente.

A psique não é rígida, mas flexível. O significado do passado nunca está totalmente gravado na pedra. Na terapia, a esperança é que o passado possa ser vivenciado de modo diferente, abrindo a possibilidade de mudança e crescimento psíquico.

A flexibilidade (ou "plasticidade") da psique indica que a vida humana nunca é simplesmente orientada para o futuro. Isso tem implicações no modo pelo qual o sucesso da análise pode ser avaliado. O fenômeno da *nachträglichkeit* sugere que o passado nunca é totalmente posto de lado; sempre há a possibilidade de que alguma experiência passada seja reativada no presente. Isso torna um pouco difícil aceitar a ideia de uma cura duradoura para a perturbação psíquica e a doença mental; e, mais para o fim da vida, Freud lutava com a questão de saber se uma coisa dessas era realmente possível (Freud, 1937a).

A noção de uma "cura" para males mentais depende em grande parte de um registro de progressão na mente. Ela dá a entender que é possível lidar, de uma vez por todas, com aquilo que nos transtorna. O caso do Homem dos Lobos insinua um movimento diferente. Seus sonhos atuam para reativar o passado. A possibilidade de uma regressão dessas lança alguma luz sobre os processos peculiares do inconsciente. Quando estamos acordados, nosso foco é na progressão: aonde vamos, como vamos chegar lá, o que temos a fazer. Quando dormimos, o mundo externo não é um traço de nossa experiência psíquica imediata, e assim existe a possibilidade de retorno a uma fase anterior de nossa vida, exemplificada no material que constitui nossos sonhos. Resultado, o passado é uma presença viva, cujos interesses podem exercer influência sobre a experiência do presente.

À medida que Freud examina a noção de cura, a figura do Homem dos Lobos ressurge. Freud menciona, talvez com algum embaraço, que essa análise estava longe de ser definitiva. A nova análise com Brunswick foi necessária para trabalhar o que Freud descreve como "porções residuais da transferência" (Freud, 1937a: 218). Em outras palavras, não é o passado que continua a assombrar Pankejeff, mas aspectos da transferência que ele fez para Freud. Brunswick – igualmente constrangida com a ideia de que a doença de Pankejeff continua, apesar de ter sido tratada por Freud – reitera a alegação de Freud de que o foco do período do paciente com ela foi dedicado a "um remanescente não resolvido da transferência" para Freud e resiste à sugestão de que o que aflige o paciente possa ser concebido como o ressurgimento de algo da sua infância.

Talvez seja compreensível que uma prática incipiente desejasse enfatizar o sucesso em seus métodos terapêuticos. Mas a relutância em levar em consideração que a origem da doença de Pankejeff pudesse ser detectada no ressurgimento de algum fato da infância prejudica até certo ponto o modo com que a análise de Brunswick se desenrola. Pankejeff chega ao consultório com a ideia fixa de que seu nariz está deformado. Essa queixa física, que não reflete a verdadeira aparência de seu nariz, indica fortes fantasias de perseguição. Ao examinar por que isso poderia ocorrer, Brunswick associa o novo transtorno do paciente ao mesmo complexo paterno que estruturou a análise com Freud. Para Brunswick, o objetivo da análise é capacitar Pankejeff para resistir a se posicionar como a fêmea passiva, posição através da qual ele se identifica com o papel da mãe em sua lembrança do sexo entre os pais.

À medida que a análise avança, Pankejeff torna-se, de fato, mais capaz de se identificar com o pai. Ele agora consegue adotar, segundo Brunswick, uma postura mais ativa e apropriadamente "masculina". O que é negligenciado, porém, é um exame adequado do efeito de sua sedução pela irmã ou de seu relacionamento com a mãe. É até certo ponto uma oportunidade perdida, principalmente porque Brunswick identifica um tipo particular de transferência na relação de Pankejeff com ela, como mulher. E essa ligação parece significativa, pois, através dessa identificação inconsciente, Pankejeff consegue lidar com sua tendência a assumir um papel passivo ou "feminino" em suas relações.

Isso torna a análise com Brunswick bem diferente da análise com Freud. A natureza transformada do contexto analítico oferece a possibilidade de uma nova abordagem do passado que moldou sua identidade: um homem e uma mulher, em vez de dois homens, formam uma parceria terapêutica. As diferentes características e a personalidade da analista, filtradas pela experiência da transferência por parte do paciente, permitem que novos aspectos venham à tona. O medo que Pankejeff tem do pai e sua identificação com a mãe podem agora ser examinados sem perda de autoestima, na presença da analista do sexo feminino. No caso de Pankejeff, essa mudança psíquica é ilustrada num sonho que ele relata a Brunswick:

> O paciente está em pé olhando por sua janela, para um prado, para além do qual há um bosque. O sol brilha através das árvores, sarapintando a relva. No prado há pedras de um tom estranho de lilás. O paciente contempla em especial os galhos de determinada árvore, admirando o jeito com que estão entrelaçados. Ele não consegue entender por que ainda não pintou essa paisagem.

O sonho reflete aspectos do sonho original com os lobos: o paciente está olhando por uma janela para uma paisagem que inclui uma árvore. Mas a paisagem é diferente (há estranhas pedras lilases) e não há lobos. O que é importante é que os galhos retorcidos da árvore (que sugerem os membros entrelaçados de um abraço sexual) não são vistos com horror, porém com prazer: ele decide que gostaria de pintar essa árvore. A interpretação de Brunswick é que Pankejeff está agora num estágio em que é capaz de contemplar a possibilidade de uma relação sexual, não com medo, mas com prazer. O sonho é esperançoso, embora Brunswick registre que o progresso que ele anuncia não é tão fácil de ser alcançado na realidade. Isso quase não surpreende: a possibilidade de ultrapassar as antigas aflições não é tão fácil quanto gostamos de pensar. Lidar com as tensões dentro da psique não leva necessariamente ou de modo imediato a mudanças no comportamento.

Se voltarmos a Freud, ele terá muito a dizer acerca do papel que a sorte desempenha na efetivação de uma duradoura cura psíquica. Na prática, é impossível saber em que medida uma cura dessas será duradoura, não só porque experiências correntes podem reativar aspectos do passado. O que acontece a todos nós também tem influência sobre nossa saúde psíquica. Desse modo, dependemos da mão incerta que o destino nos passará. Isso levanta a questão do que exatamente a análise pode esperar conseguir. À medida que a teoria de Freud se desenvolve, ela passa a se referir menos à "cura" da doença mental e mais a como a terapia pode auxiliar o desenvolvimento do caráter. Que ferramentas a análise pode fornecer para capacitar o cliente a estar mais bem preparado para as provações e percalços que a vida, inevitavelmente, lança sobre ele? A partir dessa perspectiva, a psicanálise não pode somente envolver a investigação do inconsciente (foco da análise lacaniana), mas deve também fortalecer o ego. A análise tem um papel duplo, ajudando o paciente a enfrentar e superar as perturbações que o inconsciente faz emergir, bem como as experiências da própria vida.

No ensaio "Recordar, repetir e elaborar" (1914a), Freud fornece um gabarito para se obter pelo menos algum nível de mudança duradoura. Seu foco está voltado para o problema do comportamento destrutivo, repetitivo. Ao enfrentar fenômenos dessa ordem, a terapia analítica pode propiciar a cessação desse tipo de repetição através do auxílio à tarefa de recordar. No comportamento repetitivo, "o paciente não se *lembra* de nada do que foi esquecido e recalcado, mas o repete por meio da *atuação*" (Freud, 1914: 150). O que é mais importante, "ele o reproduz, não como uma lembrança, mas como uma ação. *Repete* essa ação, naturalmente sem saber que a está repetindo" (Freud, 1914a: 150). Cabe à análise tornar consciente o que é inconsciente, pois o que se torna consciente tem menos poder de afetar os atos. A transferência, por parte do paciente para o analista, de relações, fantasias e impulsos passados torna-se o segredo desse processo. Para Freud, a compulsão à repetição manifesta-se não só no mundo externo, mas também no contexto analítico, com uma diferença crucial: na análise, as relações passadas reproduzidas na transferência podem ser analisadas e trazidas ao consciente. O passado que tanto perturba o paciente pode ser manipulado na segurança do consultório do analista, tornando-se conhecido e lembrado.

Para psicanalistas posteriores, como Melanie Klein, Betty Joseph e Donald Winnicott, usar a transferência permite que sejam criadas novas situações que abrem a possibilidade de curar danos passados. Freud tem uma atitude menos positiva quanto a esse resultado, como vimos em nossa discussão do caso de Dora. Em sua origem, a transferência é para ele uma forma de resistência em que relações passadas são encenadas no contexto analítico, para impedir a possibilidade de mudança:

> Os impulsos inconscientes não querem ser lembrados, do modo que o tratamento deseja que sejam, mas procuram se reproduzir em conformidade com a atemporalidade do inconsciente e com sua capacidade para a alucinação (Freud, 1912: 108).

Nesse sentido, "a transferência em si é apenas uma repetição" (Freud, 1912: 151). Contudo, até mesmo Freud reconhece que ela pode ser usada para efetuar mudanças por meio de sua capacidade de fornecer um *playground* para o analista e o paciente:

> Entretanto, o principal instrumento para controlar a compulsão do paciente à repetição e para transformá-la num motivo para recordar está no modo de lidar com a transferência. Tornamos a compulsão inofensiva e de fato útil, ao dar-lhe o direito de se afirmar num campo definido. Ela é admitida *na transferência como num*

playground, *em que tem permissão de se expandir em liberdade quase total* e em que se espera dela que exponha tudo o que for relativo a instintos patogênicos que estejam ocultos na mente do paciente (Freud, 1912: 154; grifo meu).

A capacidade de brincar com o passado esquecido torna possível o sucesso terapêutico. O passado que está sendo revivenciado na transferência agora está aberto a ser examinado com mais reflexão; ele pode ser submetido ao que Freud chama de "auto-observação não crítica" (Freud, 1900: 103). Através da reprodução da experiência no contexto analítico, agora, por meio da reelaboração do passado na transferência, é possível que uma relação mais distanciada para com aquele passado possa se desenvolver. Como observa Julia Kristeva, o papel do analista consiste em pôr em palavras as fantasias perturbadoras do paciente, para que elas deixem de ser aterrorizantes, permitindo assim o que ela chama de "encenação do inconsciente". Freud faz afirmação semelhante:

> [O analista] deve fazer com que [o paciente] vivencie novamente algum trecho de sua vida esquecida, mas deve se certificar, por outro lado, de que o paciente retenha algum grau de distanciamento, que lhe permita, apesar de tudo, reconhecer que aquilo que parece ser a realidade é de fato somente um reflexo de um passado esquecido. Se isso puder ser realizado com sucesso, a sensação de convicção do paciente será conquistada, junto com o sucesso terapêutico que dela depende (Freud, 1920: 19).

A terapia permite o desenvolvimento de uma atitude reflexiva, em que o passado não é algum "país inexplorado de cujas fronteiras nenhum viajante retorna" (Hamlet, 3.1), nem alguma coisa desconhecida que deveria inspirar medo, mas, sim, algo que pode ser trazido à consciência e com que podemos trabalhar. Naturalmente, não é nem um pouco garantido que a recordação resultará numa cura duradoura, já que é difícil abandonar os modelos de relações. Freud oferece, porém, a esperança de que uma reflexão maior sobre os próprios atos proporcione ao paciente uma sensação maior de controle da própria vida. A tarefa de recordar é essencial para seu método e até certo ponto consegue refutar a opinião comum de que concentrar a atenção na transferência como repetição do passado é menos criativo do que a posterior visão kleiniana da transferência como o aspecto mais significativo da terapia psicanalítica.

Para que a nova experiência propiciada pela recordação se fixe, o passado precisa ser "elaborado". Sob esse aspecto, pode-se traçar um paralelo entre a análise e o processo do luto. Freud define o luto como "a reação à perda de uma pessoa amada, ou a perda de alguma abstração que tomou o lugar de um ente querido, como, por exemplo, a pátria, a liberdade, um ideal e assim por diante" (Freud, [1915] 1917: 243). A função do luto é uma reação que procura levar o enlutado para além da perda do objeto, permitindo que ele deixe de lado a energia (ou libido) que até então estava associada ao objeto perdido (Freud, [1915] 1917: 244). O luto demanda tempo. Ele é lento, gradual, não pode ser acelerado. Por fim, o teste de realidade permite que o enlutado estabeleça algum distanciamento com relação ao que foi perdido. Mas é mais que isso:

> Como que confrontado com a questão de saber se vai ter o mesmo destino [ou seja, a morte do objeto], o ego é persuadido, pela soma de satisfações narcísicas que deriva de estar vivo, a cortar seu apego ao objeto que foi suprimido (Freud, [1915] 1917: 255).

A força de atração da vida, o desejo de voltar a viver, de se realizar com a própria vida, faz com que o enlutado siga em frente.

Freud identifica um processo semelhante na terapia analítica. Apegos e defesas anteriores que inibiam a vida do paciente podem ser identificados como não mais necessários ou adequados. Novas formas de viver podem ser exploradas.

O método de Freud e o inconsciente

Uma reflexão sobre as várias experiências do tempo e, de modo mais notável, a recusa do inconsciente de se deixar restringir pelo que é linear revelam um Freud que não está somente mapeando o progresso do desenvolvimento psicossexual humano. Sua explanação é mais complexa, já que ele permite que os movimentos inconstantes do mecanismo psíquico – movimentos que admitem a regressão tanto quanto o avanço – moldem sua descrição do ser humano. O modelo topográfico que constitui a base para o período médio de sua obra talvez permita, como sugerem alguns, que essa noção de movimento seja capturada de modo mais vigoroso do que o modelo posterior de estruturas psíquicas. A natureza cambiante da mente significa que o passado nunca é simplesmente passado. De modo semelhante, o presente molda e é capaz de moldar a lembrança das nossas origens e experiências.

A complexidade de nossa existência no tempo – passado, presente e futuro – torna a vida humana ao mesmo tempo difícil e criativa. Difícil, porque podemos nos tornar presa de desejos e temores passados, perdendo a perspectiva, acuados pelo que já passou. E no entanto nossa experiência também é criativa, pois podemos jogar com nossos sonhos e experiências passadas, reformulando-os à luz do presente e do futuro.

Não surpreende, portanto, que Arthur Miller, um dos maiores escritores do século XX, faça alguma alusão ao potencial criativo de nossas lembranças superpostas e imbricadas. Ao refletir sobre lembranças de sua infância, ele reconhece a capacidade da mente para usá-las – em particular, as fantasias que cercam essas experiências iniciais – para moldar o imaginário da sua vida adulta:

> A visão a partir do piso, por mais que seja cheia de equívocos, é também a mais pura, a matriz, cujo conteúdo é tão difícil mudar mais tarde na vida. O impacto das coisas vistas e ouvidas a partir do tapete é como ferro em brasa e volta com um choque muito maior de veracidade, quando recordado, porque essas visões são só nossas, nossa forma particular de entender mal a realidade, não compartilhada por mais ninguém, sendo assim o solo da poesia, que é nossa liberdade de alterar os meros fatos.

O potencial criativo desse envolvimento com o passado caracteriza a prática psicanalítica. Brincar com o passado no contexto analítico sugere que o futuro talvez possa ser reconfigurado. Isso não quer dizer que a tarefa da análise, uma vez completada, seja para sempre: o constante movimento na mente entre o passado, o presente e o futuro projetado torna essa esperança, no mínimo, incerta. Fortalecer o ego, porém, nos capacita para tratar tanto do passado como dos seus efeitos e encarar o futuro com algum grau de segurança.

Lidar com a experiência humana do tempo – tanto o tempo linear da vida neste mundo como a vida atemporal do inconsciente – aponta para uma possível ligação entre as teorias psicanalíticas de Freud e a religião. Isso poderia parecer surpreendente. Como veremos no próximo capítulo, Freud é extremamente crítico dos processos religiosos de pensar. Tradicionalmente, porém, a religião proporcionou uma variedade de estruturas para lidar com as questões decorrentes de sermos criaturas temporais, mas com a capacidade para transcender a experiência do tempo por meio do pensamento e da reflexão. Apesar de ter feito críticas radicais ao impulso religioso, Freud também reconheceu a necessidade do ser humano de estabelecer algum modo de tornar a vida significativa. Se suas reflexões sobre o tempo e o inconsciente nos convidam a pensar de outro modo sobre as forças que nos criaram, suas críticas à religião nos capacitam a explorar como poderíamos situar nossa vida nas estruturas mais amplas do cosmos.

5
A religião e o destino

Uma das suas fotografias mais conhecidas mostra Freud sentado à escrivaninha, cercado de estatuetas de deuses e deusas da sua vasta coleção de antiguidades. Essa foto nos diz muito sobre o motivo pelo qual histórias antigas, como a de Édipo, deveriam desempenhar um papel tão significativo na sua teoria, pois elas nitidamente indicam seus interesses. Entretanto, a fotografia também dá alguma pista das tensões na discussão da religião por parte de Freud. Ele pode rejeitar os deuses e as alegações religiosas que lhes dão sustentação, mas esses mesmos deuses e crenças continuam a ser objeto de fascinação.

Da mesma forma que existem diferenças de opinião acerca de como Freud deveria ser interpretado com relação à sua teoria dominante, também há divergências quanto a como ele deveria ser interpretado no que diz respeito à religião. Para a maioria dos comentadores, ele é o maior crítico da religião; um pensador que se delicia com seu *status* de descrente e de "judeu sem Deus". Para um número cada vez maior de outros pensadores, como James DiCenso, essa é uma visão muito simplista de um envolvimento mais complexo.

DiCenso afirma que uma leitura detalhada dos numerosos textos de Freud revela "o Outro Freud", que não consegue chegar a descartar seu patrimônio cultural judaico e é fascinado por tudo o que diga respeito à religião. Esse fascínio significa que ele nunca chega a deixar de lado as questões que movem a teorização religiosa; de modo mais marcante, o desejo de conseguir aceitar a mortalidade, bem como a busca de maneiras de encarar a mudança e a imprevisibilidade que definem a vida neste mundo. Sua incapacidade de evitar essas questões indica que ele não tem como evitar por completo o envolvimento com o tema de como viver, o que quase não surpreende. Afinal de contas, seu pensamento envolve tanto as ideias como a prática, intervenções tanto teóricas como terapêuticas. Desse modo, pode-se considerar que sua teoria toca a esfera muitas vezes ocupada pela religião e que sua crítica contém em si os germes da sua filosofia de vida.

A crítica de Freud sobre a religião

É melhor começar uma investigação das afirmações contrastantes sobre a abordagem de Freud à religião pelo exame das suas críticas a ela. No Capítulo 3, vimos como *Totem e tabu* rastreou o desenvolvimento da religião até um ato histórico de patricídio. Freud defendeu a tese de que a culpa sentida pelos filhos por terem matado o pai foi transmitida pelas gerações afora, inserindo-se nas subsequentes estruturas da religião. Longe de ser um fenômeno sobrenatural que espelha a criação do mundo por um ser divino, a religião é revelada como algo enraizado nos atos e temores dos seres humanos.

Totem e tabu foi escrito em 1913. Muito mais tarde em sua carreira, Freud revisitou a questão da religião em duas obras que tratavam dos processos psicológicos que acompanham a criação da civilização: *O futuro de uma ilusão* (1927) e *O mal-estar na civilização* (1930). Em contraste com esse pano de fundo, Freud reflete sobre o papel da religião e as forças que moldam seu desenvolvimento.

Ao aplicar sua explanação do desenvolvimento psicossexual ao terreno social, Freud enfoca o preço que a vida em sociedade cobra dos seres humanos. Essa talvez pareça ser uma ideia estranha. Estamos acostumados a pensar sobre o desenvolvimento da "civilização" como algo positivo. Poderíamos pensar na arte, na filosofia e nos complexos sistemas de governo que acompanharam "A escalada do homem" – para usar o título da famosa série televisiva de Jacob Bronowski – à medida que nossos ancestrais passavam de formas primitivas de sociedade para as sociedades tecnológicas em que agora vivemos. Embora Freud esteja convencido do progresso proporcionado pela ciência, ele é bem mais pessimista acerca da experiência da civilização para os que a ela pertencem. Segundo sua teoria, a civilização não é um bem absoluto, e é nesse contexto que a religião e suas consolações ilusórias ganharam forma.

Como ele mapeia a relação entre civilização e religião? Reconhecer que o mundo natural não dá total sustentação aos seres humanos, suas esperanças e seus sonhos leva Freud a uma visão particular da sociedade humana. Os humanos são criaturas franzinas, indefesas, que podem facilmente ser destruídas pelas forças da Natureza (Freud, 1927a: 15). Uma forma de criar uma defesa contra as investidas da Natureza é não viver isolado, mas em comunidade. Nessa solução social, Freud identifica um conflito fundamental para o animal humano. Caso se queira que a civilização sobreviva, os desejos instintivos por sexo e violência têm de ser controlados. A sociedade civilizada não sobreviverá se eu tentar satisfazer meus desejos, sem levar em consideração as consequências que isso poderia ter para outras pessoas. Estruturas como a do casamento e da família fornecem um arcabouço que neutraliza (razoavelmente) a força desses instintos. Em vez de expressar esses instintos livremente, procurando saciá-los de imediato, o ser humano social protela sua satisfação. Sublimar desejos dessa ordem, transformando-os em outros tipos de ação, pode produzir algum prazer, por exemplo, através da criação de arte ou de textos de filosofia (Freud, 1930: 97). Isso não equivale a desprezar as tensões e frustrações que emanam do controle desses desejos. Se a arte e a filosofia surgiram a partir da tentativa de limitar a satisfação dos instintos, de modo semelhante a religião proporciona um tipo de compensação por essa renúncia.

Como ela faz isso? Por um lado, ela pega forças naturais e lhes dá feições humanas (Freud, 1927a: 16). São criados deuses que refletem o poder da Natureza. Nessa transformação, a Natureza deixa de ser fria e insensível, tornando-se algo com que os humanos podem se comunicar. Se necessário, esses deuses podem ser apaziguados do mesmo modo que outro ser humano. Os deuses "reconciliam os homens com a crueldade do Destino", mas eles também "compensam [os homens] pelos sofrimentos e privações que uma vida civilizada em comum lhes impôs" (Freud, 1927a: 18).

O segundo ponto tem importância particular para Freud. Na visão religiosa de mundo, as realidades dolorosas e frustrantes da existência não são a totalidade da experiência humana. Este não é o único mundo aberto aos seres humanos, e sistemas religiosos de pensamento situam o significado fora deste mundo. No universo religioso, há um "mundo espiritual" para além deste, e o "verdadeiro" eu está localizado numa alma, que é separada do corpo falível e, portanto, capaz de escapar da morte. A Natureza não é "cega", mas cuida de nós; a morte não é o fim da vida, mas o portal para uma vida "melhor" (Freud, 1927a: 19). Desse modo, o pensamento religioso permite que os seres humanos se protejam em termos psicológicos dos "perigos da natureza e do Destino" (Freud, 1927a: 18). O mundo já não é hostil. Mais que isso, ele não é o único território em que viveremos. A religião fornece, assim, uma forma de compensação pela perda dos prazeres deste mundo, ao postular um mundo melhor no além.

Freud não nega a utilidade psicológica dessas crenças para a vida num mundo que nem sempre parece generoso. Contudo, em última análise, essas crenças são essencialmente falsas. Elas podem ter feito sentido num mundo pré-científico, mas agora precisam ser deixadas de lado. A religião é um anacronismo no mundo moderno. Não abandonar essas ideias revela uma incapacidade fundamental para aceitar a dura verdade da realidade.

Essa discussão das forças que caracterizam a sociedade humana forma o contexto do impulso principal da crítica de Freud. A religião é uma forma de ilusão pouco adequada para a era científica em que vivemos. O que é uma ilusão? Uma ilusão é algo que reflete um desejo humano (Freud, 1927a: 31). Não é algo movido por provas, mas pelo desejo. Observe-se que uma ilusão não é o mesmo que uma delusão. Uma delusão é uma crença falsa. Esse não é necessariamente o caso com uma ilusão, embora Freud por vezes confunda os dois significados em sua discussão da religião. Enquanto uma delusão é sempre falsa, uma ilusão poderia (em tese) acabar se revelando verdadeira. A pequena Kate Middleton talvez tivesse desejado se casar com um príncipe quando crescesse. Ela poderia ter acreditado que isso aconteceria. Anos depois, seu desejo se realiza, e ela se torna mulher do Príncipe William e Duquesa de Cambridge. Mas – e esse é o ponto importante – do mesmo modo isso poderia não ter acontecido. Afinal de contas, a maioria das menininhas que sonham em se casar com um príncipe acaba sofrendo uma triste decepção! O ponto que Freud salienta é que crenças ilusórias não são baseadas em provas, mas refletem desejos acerca do mundo. Exatamente como o sonho do casamento com um príncipe, as crenças religiosas são ilusões porque são formadas por desejos sobre a realidade, em vez de sobre provas derivadas dela. Poderíamos salientar, como um aparte, que Freud, também, usa o exemplo de uma menina que sonha em se tornar princesa (Freud, 1927a: 31).

As ilusões são impressionantes e duradouras porque espelham os primeiros desejos da infância. São esses desejos que Freud ressalta nas ilusões da religião. À medida que a criança cresce, ela vivencia a angústia, conscientizando-se da realidade do mundo exterior que se impõe a ela. Ela conta com o pai para protegê-la, já que ele é a figura mais poderosa de seu mundo. O mesmo desejo de proteção é encontrado na crença religiosa. A religião surge da necessidade psicológica de segurança; o fiel encontra na figura do pai o material básico para a construção de um deus.

> Quando o indivíduo em crescimento descobre que está destinado a continuar criança para sempre, que nunca poderá prescindir de proteção contra forças superiores desconhecidas, ele empresta a essas forças as características que pertencem à figura do seu pai. Ele cria para si os deuses que teme, que procura aplacar e a quem, mesmo assim, ele confia sua própria proteção (Freud, 1927a: 24).

A religião é, portanto, uma forma de realização de desejos. Ela toma o desejo de proteção e, ao postular um deus-pai todo-poderoso, proporciona a realização desse desejo. Nas crenças religiosas, podemos visualizar os desejos mais fundamentais da condição humana, pois nelas temos a realização "dos desejos mais antigos, mais fortes e mais prementes da humanidade" (Freud, 1927a: 30).

Isso indica que, não importa o que seja que a crítica da religião por parte de Freud faça, ela não sugere que as crenças religiosas sejam desprovidas de significado. Pelo contrário, pois essas crenças revelam muito acerca dos medos e desejos que impulsionam os atos humanos. Como Freud observa, "as crenças religiosas nos fornecem informações sobre o que é mais importante e mais interessante para nós na vida" (Freud, 1927a: 25). Exatamente como os sonhos – também, vale lembrar, entendidos como realização de desejos – permitem acesso ao inconsciente, a religião proporciona um recurso valioso para explorar o inconsciente.

Entretanto, Freud não tem uma visão assim tão positiva da investigação da religião quanto essa associação dá a entender. Em outros trechos, ele classifica a religião como um tipo de psicopatologia. Ela é, por assim dizer, uma forma de doença mental. Freud é específico em seu diagnóstico. A religião é uma manifestação de neurose obsessiva, através da qual o indivíduo procura controlar o mundo, com pouca diferença da atitude do neurótico, que constrói uma série de rituais e atos repetitivos para se manter em segurança. Eu talvez precise arrumar minha roupa "exatamente desse jeito" antes de ir dormir (Freud, 1907); num estilo semelhante, os rituais religiosos atuam como formas de tornar seguro um mundo que, de outro modo, seria assustador.

Para um observador, os atos da pessoa que sofre de uma neurose obsessiva talvez pareçam sem sentido, mas para a pessoa em si esse não é o caso de modo algum: "qualquer desvio do cerimonial provoca uma angústia intolerável" (Freud, 1907: 118). Os atos realizados pelo neurótico são como minicerimônias; quase "um ato sagrado" (Freud, 1907: 118). Em outras palavras, há uma semelhança entre os atos do neurótico obsessivo e os rituais religiosos, embora Freud saliente que eles não são exatamente iguais, porque os atos do neurótico não apresentam o aspecto público e comunitário da prática religiosa. Eles são, sim, formas de uma "religião particular" (Freud, 1907: 119).

A investigação desses atos por parte de Freud é realizada no seu consultório. Sua intenção é demonstrar de que modo esses atos estão relacionados a acontecimentos específicos recalcados na vida do paciente. Esses atos podem ser estranhos; mas, quando analisados, pode-se provar que eles proporcionam meios de lidar – por mais inadequada que seja a forma – com questões não resolvidas e instintos recalcados.

Voltemos rapidamente ao Homem dos Ratos, que nos foi apresentado no Capítulo 3. Lanzer desenvolveu uma série de planos e rituais detalhados que regulam sua vida. Ele procura Freud porque esses rituais se tornaram tão exaustivos que ele já não consegue agir de modo algum no mundo. Através do processo da análise, Freud mostra que esses rituais se referem a seu desejo de proteger seus entes queridos de horrores extraordinários, que ele imagina sendo infligidos a eles. Para um observador, os rituais de Lanzer poderiam ter parecido ridículos; mas, quando analisados, eles se revelam bastante significativos. Ao longo da análise, sua origem é rastreada a acontecimentos e temores da sua infância e ao seu difícil relacionamento com o pai (Freud, 1909b). O objetivo de Freud ao acompanhar esses atos até sua fonte no passado consiste em permitir a volta do paciente à saúde. Uma vez que a origem do ato obsessivo seja revelada, o paciente será capaz de abandonar esse ato.

Uma preocupação semelhante norteia sua abordagem da religião. Definir a religião como "uma neurose obsessiva universal" (Freud, 1907: 127) leva Freud a concluir que seus atos ritualísticos e crenças ilusórias podem ser rastreados até um ponto original. Identificar essa origem significa que o poder da religião será destruído. Em parte, Freud identifica a angústia humana diante do mundo ameaçador como essa fonte, embora ele forneça fundamentação histórica para os rituais religiosos, apontando para a culpa sentida pelo bando de irmãos por assassinarem o pai (ver Capítulo 3). Ao relatar essa história, Freud solapa a "verdade" da religião, revelando sua origem num ato histórico que reverbera pelos séculos afora. Uma vez que essa fonte – ou a origem da religião na angústia – seja aceita, as afirmações dos religiosos podem ser rejeitadas.

As ideias de Freud sobre a religião foram descartadas por pensadores dos mundos da filosofia, da religião e da psicanálise. Para filósofos da religião, como John Hick, a explanação de Freud baseia-se na exposição das raízes da religião em processos psicológicos. Hick comenta que isso "pode ser verdade, mas ainda não foi demonstrado". Descrever as supostas origens da religião é uma coisa; supor que isso leve à conclusão de que Deus não existe é outra, muito diferente. A trilha psicológica que Freud mapeia pode estar correta, e sua argumentação pode nos dizer muito acerca de como o conceito de Deus, sustentado por um indivíduo ou uma sociedade qualquer, se desenvolveu ao longo do tempo. O que sua argumentação não faz, porém, é demonstrar em termos conclusivos que não existe Deus.

Para o filósofo e psicanalista Jonathan Lear, o principal problema com a argumentação de Freud está em ele ser vítima de seu desejo pelo fim da religião. Freud acredita que o mundo ocidental alcançou um estágio em que as ilusões da religião podem ser postas de lado. A ciência pode assumir o comando, criando um mundo melhor para todos. Lear é severo em sua crítica: Freud tem um otimismo excessivo a esse respeito e "sofre de uma ilusão de um futuro" sem religião.

Outros, como Donald Winnicott, por exemplo, procuraram uma interpretação mais positiva da ideia de ilusão que está no cerne da crítica de Freud. A ilusão não é algo a ser ultrapassado com o amadurecimento, mas faz parte da relação complexa que se desenvolve entre o eu e o mundo, à medida que vamos crescendo. Nossas ilusões moldam nosso modo de abordar o mundo e os outros, exatamente como nossa experiência do mundo e nossas relações moldam essas mesmas ilusões. Sob essa perspectiva, não é possível descartar facilmente a religião como algo falso que pode ser posto de lado quando chegamos à maturidade. Winnicott considera que a religião ocupa o "espaço transicional" que ele situa entre o eu e o mundo. O espaço transicional está associado à ideia do objeto transicional da criança – um brinquedo ou objeto que a criança identifica tanto consigo mesma quanto com o mundo lá fora. No espaço transicional que deriva dessa ideia – o espaço que é ao mesmo tempo "eu" e "não-eu" – Winnicott coloca a criatividade, a imaginação e a religião. Esse é o espaço para brincar. Na opinião de Winnicott, a religião fornece recursos fecundos para o brincar com a relação entre o eu e o mundo que cerca o indivíduo. Se aceitarmos essa ideia, talvez haja um modo bem diferente de pensar na religião, mesmo que, como Freud, aceitemos que ela se relaciona a desejos humanos sobre o mundo e nosso lugar nele. A religião torna-se menos uma forma de ciência, que fornece fatos sobre o mundo, e mais uma forma de criatividade.

A religião, a superstição e a necessidade de relacionar-se

A noção de que a religião se opõe à ciência e inevitavelmente fracassa diante dela permeia a crítica de Freud. Não é de admirar, portanto, que essa caracterização o leve a associar a religião à superstição. Enquanto a ciência moderna se baseia na razão e em provas empíricas, isso não ocorre com a superstição e a religião. Na religião e na superstição, o desejo é mais importante que as provas. O desejo que é comum às duas é o desejo de segurança. Atos supersticiosos, como cruzar os dedos, bater na madeira ou não passar por baixo de uma escada, exprimem o mesmo desejo de proteção que impulsiona o ritual religioso. Aja desse modo, e você estará protegido de alguma calamidade indefinida, e até o momento não concretizada.

Por que, numa era científica, esses atos continuam a exercer atração sobre tantas pessoas? Uma resposta poderia estar na forma pela qual esses atos criam uma ligação entre o eu e o mundo. Na vida diária, com frequência associamos experiências discrepantes e desconexas. Eu saio sem guarda-chuva e acho que a inevitável chuvarada é exatamente isso: inevitável. Penso em alguém, e no instante seguinte a pessoa me liga. Minha reação a essa conjunção de acontecimentos é achar que o fato de eu tê-la "invocado" em pensamento "fez com que ela" me ligasse.

Em *Totem e tabu*, Freud afirma que esse tipo de pensamento mágico reflete a experiência dos seres humanos primitivos. Eles tinham "uma enorme crença no poder dos [seus] desejos" (Freud, 1913a: 83). O pensamento e o mundo estavam intimamente ligados. Pensamentos e palavras tinham o poder de mudar coisas. Essa crença na "onipotência do pensamento" espelha a experiência de crianças antes de terem desenvolvido de modo adequado sua capacidade de controlar os movimentos do corpo. Através da reação da mãe a seus desejos, elas desenvolvem uma noção de que seus pensamentos são todo-poderosos, capazes de fazer aparecer "do nada" alimento e atenção. Portanto, a experiência do bebê forma o alicerce para a religião e a superstição: desejos e pensamentos podem mudar o mundo. Na religião, isso assume uma forma ritualista particular, de modo mais notável na oração, quando o pensamento liga o indivíduo ao Deus no controle de todas as coisas.

De uma perspectiva, é relativamente fácil descartar essas alegações. Não há prova alguma do tipo de influência que os primitivos, as crianças e os fiéis religiosos associam ao pensamento. Contudo, de uma perspectiva emocional, alguma coisa muito poderosa e tenaz está em atuação. Está sendo suposta uma ligação íntima entre os pensamentos, desejos e vontades do indivíduo e a vastidão do cosmos. Considerando-se as ameaças apresentadas pelo mundo exterior, pode-se obter algum grau de tranquilidade psíquica por meio dessa ligação.

O interessante é que Freud fornece exemplos de atos seus que ilustram esse desejo de ligação com o cosmos. Num acréscimo feito em 1907 a *Sobre a psicopatologia da vida cotidiana* (1901), Freud relata um incidente que se seguiu à restauração da saúde da sua filha mais velha depois de uma doença grave, em 1905. Quando passava por seu escritório, diz ele, "cedi a um impulso repentino, tirei um chinelo do pé e o atirei na parede, fazendo com que uma bela estatueta de Vênus, de mármore, caísse do seu suporte" (Freud, 1901 [1907]: 169). Quando ela se despedaça, Freud flagra-se "totalmente impassível" citando um trecho de Busch: "Ó! A Vênus! Está perdida!" Freud encara da seguinte forma "a conduta irracional" e sua "calma aceitação da perda":

> Meu ataque de fúria destrutiva serviu, portanto, para exprimir uma sensação de gratidão ao destino e me permitiu realizar um "ato *sacrifical*" – um pouco como se eu tivesse feito um voto de sacrificar alguma coisa como uma oferenda em agradecimento, se ela recuperasse a saúde! (Freud, 1901 [1907]: 169)

Por um lado, esse ato não faz absolutamente nenhum sentido. Ele é desnecessariamente destrutivo. Não realiza nada. Freud o interpreta de modo bem diferente. O gesto ocorre depois da doença da filha. Ela já se recuperou. Isso pode indicar a competência profissional dos seus médicos. Uma reação estritamente racional poderia ser a de lhes pagar uma recompensa ou lhes dar um presente. Mas o que é necessário é uma resposta psicológica diferente, que está relacionada aos desejos e medos inconscientes decorrentes de acompanhar a doença de um filho. Tendo passado por um período de angústia considerável, Freud sente a necessidade de fazer uma "oferenda em agradecimento" a uma força, que nesse caso ele chama de "destino", que se encontra fora da esfera humana dos médicos e da clínica médica. Num instante, vamos captar a importância do destino no seu pensamento. Sua filha foi poupada, e é preciso agradecer a uma força cósmica. Daí, sua "calma aceitação" da perda provocada por seu ato.

Isso nos leva a perguntar se é realista a esperança de Freud de que a religião desapareça, à medida que a revolução científica se firme. O que parece que ele está querendo transmitir, no caso da Vênus Quebrada, é que existe algo profundamente enraizado nos seres humanos, algo que anseia por fazer vínculos dessa natureza entre o eu e o mundo. O matemático e pensador religioso do século XVII Blaise Pascal descreveu com grande vigor a imensidão do cosmos em que os humanos se encontram. "Através do espaço, o universo me agarra e me engole como um cisco", escreveu ele, captando o terror que o reconhecimento da experiência do espaço infinito pode causar no coração humano. No exemplo da Vênus Quebrada, Freud exibe o impulso perfeitamente compreensível de se comunicar com essas forças cósmicas que transcendem o indivíduo e podem, com tanta facilidade, destruí-lo. Mesmo com a melhor das disposições neste mundo, é difícil ver como a ciência poderia chegar a oferecer uma segurança completa diante dessas forças. Sendo assim, é possível que o desejo religioso de se ligar seja um dia totalmente erradicado?

As inclinações supersticiosas de Freud dão alguma ideia da tenacidade do desejo de entrar em contato com forças cósmicas, desprovidas de rosto. Freud sentia uma obsessão – como muitos de nós – pela morte; em particular pela incerteza de quando sua morte ocorreria. Embora haja quem se alegre de não saber, para outros a ausência desse conhecimento pode ser difícil de aceitar. Atualmente, pode-se encontrar uma solução sofrível no aplicativo *Death Watch**. Você informa dados sobre sua saúde e estilo de vida; e ele apresenta uma projeção da data da sua morte. Ainda oferece como apoio um "relógio da morte", que faz a contagem regressiva até aquela data. (Experimente se tiver coragem!) Escrevendo antes de dispositivos desse tipo, Freud voltou-se para a numerologia. Em várias ocasiões na sua vida, ele esteve convencido de que morreria aos 51, 61 ou aos 62 anos de idade, sendo este último número derivado da data de publicação de *A interpretação dos sonhos* e do número do seu telefone. Como Michael Palmer ressalta, Freud também era fascinado por ideias de clarividência e telepatia. A impressão é que uma dedicação à ciência não basta para eliminar os impulsos de estabelecer ligações que vão muito além dos cuidadosos métodos da ciência.

Como isso afeta a leitura de Freud sobre a religião? Embora o ímpeto principal da crítica de Freud seja o de expor a religião como uma forma de crença falsa acerca da natureza do mundo e nosso lugar nele, uma corrente de importância igual passa subjacente a suas críticas. Os medos e desejos que caracterizam nossas primeiras experiências do mundo, e que continuam a nos atormentar quando entramos na idade adulta, são tão significativos para entender a individualidade e a sociedade huma-

---

* A expressão *Death Watch* permite as traduções "expectativa da morte", "vigília junto de um agonizante", "relógio da morte". (N. da T.)

na quanto a razão e o pensamento consciente. Explorar suas ideias sobre esses medos e desejos sugere um modo diferente de interpretar sua visão da religião.

Atos supersticiosos e crença religiosa refletem o que Freud descreve como a necessidade de se "sentir à vontade com o inquietante" (Freud, 1927a: 17). Quando falamos do "inquietante", em geral temos em mente algo como fantasmas e assombrações, *doppelgängers* [duplos] e *déjà-vu*. Essas experiências causam perplexidade e perturbação: o material de inúmeros filmes de horror. Elas são ao mesmo tempo pouco familiares e estranhas; e no entanto também têm outro aspecto para o qual Freud chama nossa atenção. Elas podem ser estranhas, mas nessas histórias e experiências há alguma coisa que perturba, porque elas não são tão pouco familiares como poderíamos pensar de início.

A ideia de que o inquietante seja algo tanto familiar quanto estranho é demonstrada bastante bem em alemão. Como Freud observa, "[O] termo alemão [para o inquietante] '*unheimlich*' [não familiar] é obviamente o oposto de '*heimlich*' [familiar], '*heimisch*' [nativo] – o oposto do que é conhecido". Embora isso pudesse nos levar à tentação de concluir que "o que é 'inquietante' é assustador exatamente por não ser conhecido e familiar" (Freud, 1919: 220), Freud rejeita essa visão. O que é "*unheimlich*" é assustador porque na realidade é familiar e conhecido demais. Para Freud, essa experiência paradoxal é significativa, pois representa um "retorno do recalcado".

Pense por um instante na dinâmica das histórias de fantasmas. Em muitas delas, um espectro aparece para expor alguma coisa que o personagem central sabia, mas que estava esquecida havia muito tempo. No filme *O despertar*, de 2011, uma mulher determinada a desmascarar o espiritismo é chamada para investigar uma escola assombrada. Foi visto o fantasma de um garoto que grita. Com o desdobrar da história, ela depara com partes de seu próprio passado esquecido e chega à conclusão de que o espírito do menino que tanto a apavora é de um coleguinha do passado, que foi assassinado pelo pai dela. A lembrança do assassinato que ela recalcou com tanto vigor voltou no assombramento da escola.

O que interessa a Freud quando ele usa esse termo não são tanto as histórias de supostas atividades paranormais, mas a qualidade dual da experiência à qual essa ideia se refere. A tradução de Strachey de "*unheimlich*" por "*uncanny*" [inquietante] em inglês não é de muita ajuda para entender o que Freud pretende. Quando Freud diz que precisamos nos sentir à vontade na presença do inquietante, uma tradução mais literal do alemão talvez nos desse uma ideia melhor. Como havemos de nos sentir "familiarizados com o *não familiar*"? Ao levantar essa questão, Freud chama nossa atenção para a experiência humana de não se sentir totalmente à vontade no mundo natural. Nós nos sentimos tanto à vontade como pouco à vontade no nosso ambiente. Para Freud, os seres humanos dedicam um tempo considerável à procura de conseguir se sentir à vontade neste mundo muitas vezes assustador. Na religião, encontramos um exemplo bastante convincente da tentativa de tornar o mundo um lugar seguro em que possamos viver.

O outro Freud: Freud e o destino

O objetivo de Freud é demonstrar por que a religião não consegue oferecer uma solução adequada para o problema de como se sentir à vontade no mundo. Contudo, ao rejeitar a explanação religiosa, ele oferece ao leitor vislumbres sedutores do que uma filosofia de vida mais adequada poderia envolver.

Empregar a expressão "filosofia de vida" não deixa de ser polêmico para uma avaliação de Freud. Para começar, seria bem possível alegar que Freud nunca propõe uma filosofia de vida: especialmente porque ele faz críticas radicais a todas as perspectivas filosóficas. Sua crítica principal é a de que a filosofia, como prática, emana de uma disposição melancólica que procura responder as questões que nunca poderiam ser respondidas (E. Freud, 1960: 436). Poderíamos pensar na pergunta "Por que estou aqui?" ou "Qual é o significado da vida?". É provável que qualquer resposta que apresentemos seja especulativa; para Freud, isso significa que, no fundo, trata-se de uma perda de tempo. Mais que isso, dedicar-se a esse tipo de especulação filosófica reflete uma atitude depressiva. Em vez de perseguir perguntas irrespondíveis, uma reação melhor – mais saudável – seria substituir a indagação filosófica infrutífera pela investigação científica empírica (Freud, 1916-17: 20).

Seria possível acusar Freud de protestar demais. Como William McGrath demonstrou, seus primeiros estudos de filosofia, quando estudante universitário, influenciam seu modo de pensar sobre muitas coisas, a religião inclusive. McGrath registra seu interesse considerável pelas ideias do filósofo alemão Ludwig Feuerbach (1804-72), que afirmava que o conceito de Deus é criado pelos seres humanos, uma projeção que reflete os desejos e valores das sociedades em que eles convivem. Pode-se discernir um movimento semelhante nas críticas de Freud à crença religiosa.

Mesmo que admitamos que Freud se interessava por filosofia, isso não significa que ele tenha construído uma filosofia de vida. Levando-se em consideração que uma proporção tão grande do trabalho clínico de Freud seja com pessoas que lutam para encontrar um modo de seguir a vida, seria estranho se ele não se dedicasse de alguma forma à questão de como viver. Em suas reflexões sobre a natureza e o objetivo da terapia psicanalítica, há indicações de qual poderia ser essa filosofia de vida, mesmo que outros – Freud, inclusive – prefiram evitar identificar uma iniciativa dessas na sua obra. Ele pode não oferecer um conjunto sistemático de propostas, mas decerto apresenta reflexões sobre como viver, que indicam sua oposição a alegações religiosas, além de expor um modo diferente de lidar com o mundo.

Essas ideias estão presentes desde o início. No final dos *Estudos sobre a histeria*, Freud reflete sobre o que o tratamento psicoterápico da histeria poderia realizar. Ele individualiza essa pergunta, adotando o ponto de vista de uma das suas pacientes. Através do tratamento, foi-lhe demonstrado que sua doença estava vinculada às circunstâncias e aos acontecimentos da vida dela (Freud, 1893-95: 305). Como os acontecimentos passados que formaram suas reações não podem ser mudados, ela faz a Freud uma pergunta vital: "Como o senhor se propõe a me ajudar?" (Freud, 1893-95: 305). A resposta de Freud dá uma ideia dos limites, mas também das possibilidades, da terapia psicanalítica:

> Sem dúvida, seria mais fácil para o destino do que para mim aliviá-la da sua doença. Mas você poderá se convencer de que haverá muito progresso se conseguirmos transformar sua aflição histérica numa infelicidade comum. Com uma vida mental que tenha tido a saúde restaurada, você estará mais bem equipada contra essa infelicidade (Freud, 1893-95: 305).

Nessas palavras ocorre uma mudança sutil. Freud começa a trabalhar como médico clínico, alguém que se dedica à cura de doenças. O que ele reconhece, à medida que desenvolve sua prática psicanalítica, são as limitações para efetivar uma cura duradoura para os pacientes, quando seus problemas estão na mente. Curar a doença mental e emocional depende não apenas da competência do médico, mas também de fatores que se encontram muito além do controle, seja do analista, seja do paciente. Nesse contexto, ele apresenta a ideia do "destino". Acontecimentos e experiências fora do nosso controle moldaram nosso caráter, para começar. A terapia psicanalítica não pode sobrepujar a natureza básica do mundo, mas o que ela pode fazer é fortalecer as ferramentas que garantam a saúde mental ou, como está na recente tradução de Nicola Luckhurst, nossa "vida interior".

A questão perturbadora de saber se a "cura" é possível mantém sua importância, voltando a surgir mais para fins da década de 1930. Freud usa linguagem semelhante para sugerir um modo de avançar. Seu entendimento da tarefa da análise passou para o terreno da "análise do caráter" (Freud, 1937a: 250). Compreendida desse modo, a análise procura escorar o ego frágil, diante da investida de forças inconscientes. Mais uma vez, Freud é forçado a perguntar se o trabalho da análise pode um dia chegar a ser "definitivo". Será que o analista pode realmente esperar ter tido uma influência de alcance tão amplo "sobre o paciente para que não se possa esperar que nenhuma outra mudança se realize nele, se sua análise prosseguisse" (Freud, 1937a: 219)?

Freud não sabe ao certo se um resultado desses é possível, considerando-se que essa situação implicaria a possibilidade de alcançar "um nível de absoluta normalidade psíquica" (Freud, 1937a: 219-20). Ele também observa, como fez na década de 1880, que o sucesso de uma análise depende de dois fatores fora do controle do analista: "o constitucional e o acidental" (Freud, 1937a: 220). Em outras palavras, uma cura duradoura depende daqueles acontecimentos e experiências que formaram nosso caráter, bem como daquilo que nos acontece. Ele se volta para a linguagem do destino para exprimir o que está querendo dizer:

> Se o paciente que foi recuperado dessa forma nunca apresentar outro transtorno que exija análise, não sabemos quanto de sua imunidade pode derivar de *um destino generoso*, que o poupou de contratempos severos demais (Freud, 1937a: 220; grifo meu).

O apelo ao destino parece estranho para um cientista, mas não se trata de mero cacoete linguístico ou ornamento literário. Uma investigação do que se denota no uso que Freud faz do termo "destino" lança luz tanto sobre sua rejeição à religião quanto sobre seu entendimento do que contribui para uma vida humana gratificante.

Já deparamos com uma das maneiras em que Freud emprega a linguagem do destino. Em *O futuro de uma ilusão*, ele usa o destino para descrever as forças externas que se localizam fora das estruturas protetoras da civilização humana. O destino é vinculado de modo explícito aos terrores da Natureza, que o surgimento da civilização busca reduzir. Às vezes, Freud parece consignar esses medos ao passado e à experiência de povos primitivos: "A isso [aos sofrimentos infligidos pela sociedade e outros indivíduos] acrescentam-se os danos que a natureza indomada – *que ele chama de Destino* – lhe infligem" (Freud, 1927a: 16; grifo meu).

Isso não quer dizer que ele relegue o destino ao passado. Em outros trechos, o destino é usado para descrever a experiência humana mais generalizada do mundo. Através de forças naturais (inundações, doenças e morte), "a natureza ergue-se contra *nós*, majestosa, cruel e inexorável" (Freud, 1927a: 16; grifo meu): "nós", não "eles". Esses aspectos do mundo atuam como lembretes da fragilidade dos seres humanos, pois a civilização não é uma panaceia. Existem, como Freud observa, "os elementos, que parecem zombar de todo o controle humano" (Freud, 1927a: 15).

Com esse pano de fundo, Freud aceita a eficácia psicológica da religião como um meio de reagir à imprevisível natureza do destino. Por meio da criação de deuses que "reconciliam os homens com a crueldade do Destino" (Freud, 1927a: 18), as pessoas conseguem acreditar que podem manipular o destino; embora essas formas de manipulação sejam ilusórias, não baseadas em fatos.

A resposta de Freud – a resposta "madura" – é diferente. Sua posição é para além da religião. Ele defende "a renúncia aos desejos e a aquiescência diante do Destino" (Freud, 1927a: 36). É preciso abandonar a crença em Deus ou deuses, bem como a tentativa esperançosa de influenciar o mundo externo. Deve-se aceitar o destino. O efeito dessa posição é duro para quem a adota, mas é a única opção aberta a seres humanos adultos:

> Eles já não podem ser o centro da criação; já não podem ser o objeto de cuidados por parte de uma Providência benevolente. Estarão na mesma posição de um filho que deixou a casa dos pais, onde estava abrigado, com conforto. Mas sem dúvida o infantilismo é destinado a ser ultrapassado. Os homens não podem permanecer crianças para sempre; no final, eles precisam sair para a "vida hostil" (Freud, 1927a: 49).

Aqui fica evidente a tensão entre Freud, o otimista científico, e o Freud, que é mais pessimista quanto às possibilidades de progresso. "O infantilismo é destinado a ser ultrapassado"; logo, o fim da religião é inevitável. A engenhosidade pode melhorar muitos aspectos da vida humana; a ciência pode contribuir para o progresso da humanidade. Ao mesmo tempo, ele insiste que a vida permanece hostil. Partes da experiência humana continuam sem ser tocadas pelo progresso científico, pois no fundo estão fora do alcance da influência e da manipulação humanas. Quando os homens se confrontam com as experiências da mortalidade – sofrimento, declínio, morte –, somente uma resposta é possível: "Quanto às grandes exigências do Destino, contra as quais não há recurso, eles aprenderão a suportá-las com resignação" (Freud, 1927a: 50).

Resignar-se às realidades de determinada situação não é assim tão fácil. É ao esforço para aceitar o destino que a paciente de Freud de *Estudos sobre a histeria* faz alusão. Sua dificuldade deriva de duas preocupações entrelaçadas: como aceitar "o jeito que as coisas são" (em outras palavras, as circunstâncias que definiram seu caráter) e "o jeito que as coisas vão" (aqueles acontecimentos externos situados fora do controle humano). A questão passa a ser a de como prosseguir com a vida. Freud tem bastante consciência da forte tentação de usar o ritual como um meio para exercer um sentido de controle ilusório sobre as incertezas da vida. Se *O futuro de uma ilusão* ressalta a infantilidade dessas tentativas, ele nem sempre se mostra tão desdenhoso. Quando alguém depara com as vicissitudes do destino, com a impotência humana, é perfeitamente natural o desejo de "sacrificar alguma coisa ao Destino, para evitar alguma outra perda temida" (Freud, 1916-17: 77). Lembremos o sacrifício de Freud da "pequena Vênus". "Sacrifícios" dessa ordem proporcionam uma forma de "exorcizar o Destino" (Freud, 1916-17: 77), refletindo o desejo de encontrar um modo de superar o domínio que o destino tem sobre nossa vida.

O destino nunca é neutro. No exemplo da Vênus Quebrada, Freud relata a experiência de um destino "generoso": sua filha Mathilde tinha se recuperado da doença que a afligia. A morte da sua amada filha Sophie, em 1920, revelou outro resultado possível de uma doença. Freud escreve abatido para Lajos Levy: "sobreviver a um filho não é agradável. O destino nem sempre segue à risca essa ordem de precedência". Esses exemplos profundamente pessoais dão uma ideia da incerteza do mundo em que nos encontramos. Nada pode ser tido como líquido e certo. É exatamente essa incerteza que afeta o que a psicanálise pode, ou não, ser capaz de realizar.

Aceitando o destino: o estoicismo e a prática psicanalítica

Aceitar a incerteza da vida, enquanto se resiste à atração de soluções religiosas, não significa que Freud não tenha sugestões para a vida. Na psicanálise, oferece-se uma ferramenta poderosa para lidar com as dores e males da vida. No final dos *Estudos sobre a histeria*, ele sugere que a função da psicanálise seja fortalecer a "*Seelenleben*" do paciente. Embora esse termo possa ser traduzido como "a vida mental da pessoa", Bruno Bettelheim sustenta que a melhor tradução seria a literal, "a vida da alma". Entender *Seelenleben* desse modo contraria uma visão da análise como um simples processo intelectual para cultivar o desapego. Como Bettelheim ressalta, a análise implica a integração da vida emocional e intelectual da pessoa; tendo, portanto, mais em comum com estratégias religiosas do que poderíamos pensar de início. A questão é como alcançar a completude em vez de simplesmente reforçar as capacidades mentais.

O caráter de Freud suscita associações a outras tentativas históricas de cultivar um modo de vida dessa ordem. Peter Gay traça paralelos com uma antiga escola filosófica, descrevendo Freud como "um velho estoico". Embora Gay possa usar esse termo em sentido lato, para designar a bravura de Freud diante da adversidade, vale examinar essa conexão com mais profundidade, principalmente porque ela esclarece aspectos da prática psicanalítica que iluminam as próprias crenças de Freud sobre o melhor modo de viver.

Em sua discussão da filosofia como modo de viver, o filósofo francês Pierre Hadot chama a atenção para os "exercícios espirituais" praticados por filósofos estoicos. Ele alega que as escolas helenísticas da Antiguidade tardia definiam filosofia como uma forma de terapia para combater os males da vida. Sua proposta central era estabelecer o que contribuía para uma vida feliz, embora na prática o que eles queriam dizer com o termo "felicidade" não fosse uma sensação emocional, mas uma realização ou contentamento no modo de viver. A proposta estoica de vida diferia em termos radicais da proposta religiosa, o que é importante para nossos objetivos. Em vez de buscar manipular o destino (as coisas que acontecem) através de rituais e adoração dos deuses, os estoicos concentravam sua atenção em identificar o que podia e o que não podia ser modificado. Aceitar os limites da vida humana permitia a identificação daqueles aspectos da vida sobre os quais uma pessoa tinha algum nível de controle. Em última análise, eles identificavam a mente como a única coisa sobre a qual um indivíduo tinha poder. Em consequência, importava menos o que acontecesse a uma pessoa, e importava mais como ela reagia aos acontecimentos. Cultivar a razão tornava-se uma forma essencial de lidar com o mundo, pois apenas a razão poderia contestar uma reação puramente emocional aos acontecimentos.

A ênfase que os estoicos davam ao eu racional torna difícil sustentar um paralelo direto entre as ideias de Freud e as deles, mas há algumas semelhanças. Como Freud, os estoicos estabelecem limites até os quais o mundo externo pode ser manipulado ou moldado por seres humanos. Ao rejeitar a tentativa religiosa de influenciar o mundo por meio do ritual, os estoicos apresentavam uma solução radical para os males da existência: se uma pessoa quiser viver com contentamento, ela precisará aceitar o tipo de universo em que se encontra e adaptar seus desejos e atitudes em conformidade com ele. Supor que os processos do mundo foram estabelecidos para cultivar a felicidade humana, ou que o mundo pode ser forçado a se adequar aos nossos desejos, é um erro que só resultará em desapontamento e insatisfação. Freud concorda: "Sente-se a propensão a dizer que a intenção de que o homem seja 'feliz' não está incluída nos planos da 'Criação'" (Freud, 1930: 77). Uma estratégia melhor é encontrar formas de aceitar como as coisas são na realidade.

É nesse ponto que os paralelos entre Freud e os estoicos se tornam mais evidentes. O objetivo do exercício espiritual e o trabalho da reflexão psicanalítica são de uma semelhança notável. Os estoicos atribuíam enorme importância à "atenção" (*prosokhe*). Estabelecer uma forma de diálogo consigo mesmo era vital para cultivar uma espécie de reflexão objetiva sobre a própria vida. Isso envolvia adotar um modo particular de prática diária. De manhã, a atenção se voltaria para os acontecimentos do dia e como os princípios da pessoa poderiam ser aplicados ao que pudesse acontecer. À noite, as atividades do dia seriam repassadas, sendo feita uma reflexão sobre os erros que pudessem ter sido cometidos ou os avanços que pudessem ter sido obtidos. Refletir desse modo sobre a própria vida também envolvia uma análise dos próprios sonhos.

Essa ligação entre Freud e uma antiga escola de pensamento não deveria nos surpreender, se levarmos em conta seu interesse por esse período da civilização humana. Isso não significa negar as diferenças entre a antiga prática estoica e a psicanálise. Para o estoico, o processo de reflexão é razoavelmente direto: há pouca noção de que motivações inconscientes possam dirigir os atos de uma pessoa. No entanto, realçar a importância de refletir objetivamente sobre a própria vida e os próprios sentimentos apresenta uma ressonância com as ideias de Freud sobre a função da análise. Desenvolver uma reflexão crítica é crucial para a ênfase que Freud mais tarde empresta ao cultivo do ego. Os recursos mentais do paciente podem ser fortalecidos através da análise, submetendo-se os sonhos, emoções e atitudes a uma reflexão crítica. Com esse fortalecimento do eu consciente, racional, é possível lidar com o efeito de experiências e apegos remotos sobre o comportamento.

No contexto dessas reflexões sobre o papel da terapia, encontramos outro modo de Freud usar o destino. Ele também é usado para designar, não os terrores do mundo natural, mas a regra da "fatalidade", a sensação de que nossa vida está nas mãos de forças de fora do eu, que determinaram o caminho que ela seguirá. A análise oferece a possibilidade de desafiar a percepção de que as coisas estão fora do nosso controle. Através da análise, o ego "que atingiu maior maturidade e força, [é capaz de] empreender uma revisão desses antigos recalques" (Freud, 1937a: 227). Como Richard Sterba, colega de Freud, observa, a análise reforça a atividade do ego de tal modo que a consciência do sujeito se desloca do turbilhão das emoções para a contemplação intelectual dessas emoções. Por esse processo reflexivo, o que é inconsciente se torna consciente. O paciente já não precisa recorrer à atuação daquilo que o está perturbando, muitas vezes causando forte prejuízo aos seus relacionamentos e à sua vida no mundo. Em vez disso, ele pode pôr essas emoções em palavras, obtendo assim algum tipo de controle sobre elas.

Cultivar essa noção de objetividade para com as próprias emoções e experiências é uma parte importante da prática analítica porque ela desafia a ideia de que não se tem escolha, de que as experiências de cada um são uma "fatalidade" ou "obra do destino". Com o trabalho em conjunto, analista e paciente estabelecem uma aliança que ajuda a libertar o paciente das identificações e atitudes prejudiciais do passado. A reflexão torna-se possível à medida que o paciente cultive "certo grau de distanciamento" (Freud, 1920: 19) da sua experiência. Isso possibilita novos modos de viver. Podemos examinar nossas emoções, experiências, sentimentos de vergonha ou culpa, de diversas maneiras que não conduzem automaticamente à implementação de estratégias de defesa para limitar a dor desse confronto. Com o tempo, recorrendo ao trabalho da análise como modelo na sua vida cotidiana, o paciente desenvolve as ferramentas críticas para fazer esse trabalho sozinho. Ele se torna um analista de si mesmo. Resultado: a capacidade que o passado tinha de influenciar a experiência atual torna-se algo que pode ser desafiado. Nesse sentido, o domínio do destino pode ser derrubado.

Estabelecer essa atitude de reflexão significa instigar um diálogo interior. Nesse ponto, a prática de Freud e a dos estoicos coincidem. Através da análise, é possível chegar a uma sensação mais clara do próprio eu. Observe-se a importância da relação: a análise não procura cultivar o ensimesmamento. O diálogo no interior do eu baseia-se numa relação com outro que escuta. A relação entre analista e paciente fornece, assim, o modelo para a prática da reflexão e para outras relações.

Poderíamos registrar aqui paralelos com a experiência do confessionário. O padre, como o analista, representa uma forma de conversa reflexiva, que é então interiorizada na mente de quem se confessa. Essa analogia não deveria ultrapassar certos limites: há nítidas diferenças nos objetivos dessas conversas. Entretanto, é comum a ambas o desenvolvimento de uma atitude de reflexão, em que a vida da pessoa se torna algo que pode ser examinado isoladamente da experiência imediata que essa pessoa tem da própria vida. Adotando a tradução de Bettelheim, por meio do desenvolvimento da "vida da alma", vem à tona uma compreensão mais profunda do próprio eu, que permite melhores relações com outros e com o mundo. Pode haver mais pontos em comum entre aspectos da vida religiosa ou espiritual e a função da psicanálise do que Freud gostaria de admitir.

Aceitando a transitoriedade

E assim nos encontramos de volta à questão da religião. Isso pode parecer estranho, considerando-se que Freud sem a menor dúvida é extremamente crítico diante da religião. Mas poderíamos querer nos aprofundar um pouco mais no tipo de religião que ele tem em mente. Ele demonstra de forma nítida sua perturbação com religiões que desvirtuam a natureza da realidade. Ao atacar crenças religiosas, ele as associa de modo explícito a um ilusório reino sobrenatural que serve para realizar desejos infantis.

Críticos afirmaram que o fato de ele tomar como alvo um tipo específico de religião resultou em limites severos ao sucesso da sua crítica. Nem todas as perspectivas religiosas podem ser caracterizadas desse modo. Religiões, como o budismo, por exemplo, não se baseiam na figura de um deus-pai sobrenatural.

Talvez exista uma forma diferente de investigar o que ele diz. Ler sua crítica da religião lado a lado com sua discussão de como lidar com o destino sugere algumas questões comuns com os que procuram refletir sobre a natureza da realidade e usam ideias religiosas como uma estrutura para essa tarefa. A prática psicanalítica de Freud, entendida como um meio para promover a vida interior refletida, com o objetivo de viver de modo diferente, compartilha uma dedicação à "consciência plena", que define as práticas espirituais de muitas tradições religiosas.

Uma interpretação dessa ordem poderia questionar a ideia de que em Freud não há espaço para a religião nem afinidade com ela. É evidente que há algum aspecto da religião que fascina Freud, mesmo que ele goste de se chamar de "judeu sem Deus". Sua última obra, *Moisés e o monoteísmo* (1939), mostra-o lutando com a questão da identidade judaica, embora de um modo que horrorizou seus contemporâneos judeus. Nesse trabalho, ele questiona a ideia de que Moisés fosse um hebreu; alegando, sim, que o Moisés que deu aos israelitas os Dez Mandamentos é um egípcio, seguidor do faraó monoteísta radical Akhenaton (morto por volta de 1336 a.C.). Essa é uma leitura no mínimo polêmica e reflete a complexa relação de Freud com sua herança judaica. Durante todo o seu tempo em Viena, ele foi membro da B'nai B'rith, uma sociedade judaica. Era também fascinado pela figura de Moisés e escreveu sobre o efeito que exerceu sobre ele a estátua do patriarca esculpida por Michelangelo, que ele visitou numa série de ocasiões (Freud, 1914c).

A identidade judaica pode assumir uma forma religiosa ou secular. Freud tinha orgulho de sua herança judaica, mas não de sua versão religiosa. Contudo, mesmo aceitando essa distinção, sua atitude diante da crença religiosa é muito mais complexa do que poderia ser depreendido, caso se fosse ler somente *O futuro de uma ilusão*, *Totem e tabu* e *O mal-estar na civilização*.

De acordo com o psicanalista contemporâneo Salman Akhtar, o crente imaginário de *O futuro de uma ilusão*, com quem Freud debate, representa um aspecto de Freud. Para Akhtar, "'Freud, o ateu,' está em combate feroz com 'Freud, o crente'!" (Akhtar em O'Neil e Akhtar, 2009: 3). O comentário pode exagerar a distinção entre esses "dois Freuds". A correspondência informal entre Freud e seus amigos Oskar Pfister e Romain Rolland, que eram ambos religiosos, dá a entender uma disposição de falar da perspectiva religiosa com mais respeito. Pfister ficou decepcionado por essa sutileza não se refletir no tom de *O futuro de uma ilusão*. Como disse numa carta de fevereiro de 1928: "Você é muito melhor e mais profundo que sua descrença" (Meng e E. Freud, 1963: 122).

Há um ensaio curto, porém belo, que dá alguma ideia do Freud que é menos rígido quanto a penetrar no território tradicionalmente ocupado pela religião. Em "Sobre a transitoriedade", escrito em 1915, Freud dá uma indicação de como a aceitação da natureza passageira do mundo poderia levar, não a uma introspecção trágica, mas a um envolvimento renovado com a beleza deste mundo. A posição que ele delineia representa um contraponto com relação a perspectivas que procuram mostrar o universo como significativo demais ou totalmente sem significado.

Freud descreve "um passeio de verão por uma sorridente região campestre" na companhia de dois amigos: um, um poeta; a outra, uma amiga "taciturna". Matthew von Unwerth identifica esses companheiros como o poeta Rainer Maria Rilke e Lou Andreas-Salomé, grande amiga de Freud. O poeta está melancólico e não encontra na beleza da paisagem muito motivo para celebrar: "toda essa beleza estava fadada à extinção... ela desapareceria com a chegada do inverno, como toda a beleza humana e toda a beleza e esplendor que os homens já criaram ou podem criar" (Freud, 1916 [1915]: 305).

Freud considera a identificação desse estado de coisas como seu ponto de partida. Existem, comenta ele, duas possíveis reações a discernir nas atitudes de seus companheiros diante da beleza efêmera do mundo. A primeira é o "abatimento dolorido" do jovem poeta, que resulta numa impressão de que a vida é trágica e sem sentido. A depressão e o pessimismo parecem inevitáveis se aceitarmos que o universo é de tal ordem que tudo está em fluxo, tudo está fenecendo. A segunda reação é bem diferente: brota no peito do observador um tipo de "rebelião", que se presta com excessiva prontidão à crença na imortalidade. Essa segunda reação recusa-se a aceitar que tanta beleza possa um dia de fato morrer. Assim, o observador recorre a um reino eterno para apoiar a ideia de que, longe de ser efêmera, a beleza em sua forma "verdadeira" é indestrutível.

Esse trecho nos apresenta o contraste entre o que Freud considera a visão religiosa e a não religiosa do mundo. Será que uma perspectiva alternativa pode ser encontrada? A recusa a aceitar a transitoriedade e a postulação de um reino eterno são descartadas, de modo não surpreendente, por serem baseadas em desejos vãos. Não é só porque se deseja que haja um reino eterno que ele vá existir. Resistir à realidade da transitoriedade revela a disposição da atitude mental religiosa que se agarra a ilusões pueris e busca alívio na realização de desejos infantis.

Devemos nos unir ao poeta em sua avaliação depressiva da beleza deste mundo? É nesse ponto que as coisas ficam interessantes, pois Freud sugere outro caminho adiante, no qual, como ele diz, "o valor da transitoriedade é o valor da escassez no tempo" (Freud, 1916 [1915]: 305). Em outras palavras, a beleza é valorizada exatamente porque sabemos que ela é passageira. Sua fragilidade e imprevisibilidade a tornam algo raro; e, porque é rara, nós a valorizamos ainda mais. A vulnerabilidade e a precariedade da beleza deste mundo não a tornam menos valiosa, mas ainda mais. Como ele expressou em estilo poético, "uma flor que floresce apenas uma única noite não nos parece menos bela só por isso" (Freud, 1916 [1915]: 306). É preciso aprender a aceitar a natureza efêmera das coisas sem tristeza. Ao fazê-lo, a pessoa torna-se capaz de situar a própria vida no contexto de um mundo inconstante, porém belo. Em vez de oferecer resistência a uma visão dessas da própria vida, será possível aceitá-la. Conseguir a aceitação exige um esforço considerável e requer o cultivo de um tipo especial de reflexão, mas é isso que Freud nos oferece como uma possibilidade a ser buscada e praticada.

Freud pode rejeitar as tendências metafísicas dos religiosos, categorizadas como a vã tentativa de dar ao universo um simpático rosto humano. Contudo, isso não quer dizer que ele perceba o mundo como algo desprovido de sentido ou de beleza. Através do processo da psicanálise, é possível embasar uma noção da vida como algo significativo, encontrando, em consequência disso, atividades e modos de viver que organizem a natureza aparentemente aleatória da vida. Chegamos a reconhecer as experiências e os acontecimentos que nos criaram, o poder do inconsciente de influenciar nossos atos e a possibilidade de que, ao cultivar uma atitude mental mais ponderada, possamos fazer com que coisas diferentes aconteçam em nossa vida. Não precisamos ficar presos ao passado, incapazes de viver em plenitude o presente.

Ao mesmo tempo, essa reflexão crítica implica situar a própria vida nos movimentos mais amplos do cosmos. Aceitar que a vida é frágil, passageira e sujeita à sorte e ao acaso não significa necessariamente que ela seja sem sentido ou que não permita que vivamos plenamente. Reconhecer que tudo é passageiro confere ímpeto à necessidade de moldar nossa vida como digna de ser vivida.

Ao fornecer as ferramentas para moldar uma forma de prática reflexiva pertinente ao mundo contemporâneo, Freud funda uma disciplina que permite o desenvolvimento de uma vida significativa, na qual a imprevisibilidade da vida não é algo a ser evitado, mas algo a ser aceito. Sua crítica da religião não conduz necessariamente à desesperança e ao fim do significado. Na verdade, ao desafiar a falsa ciência de algumas alegações religiosas, ele abre a possibilidade de alicerçar a reflexão religiosa e a prática espiritual nos processos e movimentos de um universo transitório, porém belo.

6
Freud no século XXI

O capítulo anterior foi concluído com algumas sugestões sobre como poderíamos interpretar Freud no que diz respeito à religião. Essas reflexões bem poderiam ter sido contestadas por Freud, mas elas se originam da leitura da sua crítica da religião lado a lado com outros temas em seus escritos, nos quais ele reflete sobre a natureza do mundo e o lugar dos seres humanos nele.

Novas leituras de Freud não são nem um pouco incomuns e dão uma ideia da riqueza da sua obra. A amplitude e a profundidade dos seus textos faz dele um fascinante parceiro de conversa para seus leitores. Hoje a psicanálise pode ter "avançado" a partir das suas teorias originais, sendo suas ideias agora, em grande parte, transmitidas através das teorias dos psicanalistas que vieram depois dele. No entanto, isso não quer dizer que ele não tenha nada a oferecer à questão de como extrair sentido de nossa vida. Para mim, a continuidade da sua pertinência pode ser atribuída à simples abrangência das suas investigações. Freud não se restringe a analisar um aspecto da experiência humana; tudo está presente na sua obra, desde o aparentemente mais trivial até o mais profundo. Ele também não se restringe com rigor a um único método: a prática científica, a observação clínica, a especulação filosófica e histórica, bem como a crítica literária e artística, moldam e influenciam sua forma de chegar a conclusões sobre o que significa ser humano. Por esse motivo, os leitores podem descobrir que alguns trabalhos têm para eles uma voz mais poderosa do que outros, permitindo que novas perspectivas se desenvolvam, caracterizadas pelas questões que mais interessam ao leitor.

Ao mesmo tempo, a natureza evolutiva da sua obra contribui para a sensação de que o leitor o está acompanhando em sua jornada intelectual. Ele é um inovador que parte de ideias que o precederam, enquanto percebe ser necessário criar sua própria linguagem para os fenômenos com que depara em sua prática clínica. Ler o que ele escreve é descobrir alguém que se esforça para criar uma nova forma de abordar o tema humano. O caminho não é nem um pouco fácil e às vezes ele precisa refinar suas ideias de modo significativo. Por isso, seus leitores estão longe de ser observadores passivos, e não existe nenhuma forma óbvia ou direta de interpretá-lo.

Ao examinar a diferença entre a psicanálise britânica e a francesa, tivemos uma visão da variedade de interpretações possíveis. Dar ênfase à importância de textos diferentes para entender Freud influencia o modo pelo qual essas tradições psicanalíticas continuam a evoluir. As ideias de Freud constituem um ponto de partida para reflexão, mais do que um lugar de repouso final. À medida que concluímos este livro, vale dedicar algum tempo à reflexão de como Freud poderia lançar luz sobre nós, nossa vida e nossos tempos. As duas sugestões de leituras possíveis, que se seguem, não são de modo algum exaustivas. Cada um deve enfrentar Freud por si mesmo e chegar a sua própria conclusão sobre o que tem mais significado para si. Entretanto, essas duas visões de Freud poderiam se harmonizar prontamente com as preocupações de seus leitores do início do século XXI.

Freud, o crítico cultural

Esse é o Freud que questiona as atitudes e pressupostos do seu tempo e que nos desafia, por nossa vez, a lançar um olhar crítico sobre nosso próprio tempo.

A área do pensamento de Freud que mais desafiou seus contemporâneos foi sua alegação de que a sexualidade era crucial para entender o que significa ser humano. É uma tentação imaginar que as sociedades ocidentais contemporâneas, com sua atitude liberal, tenham aceitado essa alegação. A cultura popular induz a pensar numa fácil aceitação da sexualidade. Revistas proclamam que uma vida sexual saudável é importante para a realização da pessoa. Empresas reconhecem que "sexo vende" e, em sua propaganda, procuram explicitamente mirar os desejos que estruturam nosso poder de compra.

Essa aparente aceitação do sujeito desejoso da teoria de Freud mascara uma relutância para aceitar os elementos mais controvertidos da sua análise. Se seguirmos o conselho de Freud de mergulhar por baixo da superfície de comportamentos e atitudes, descobriremos que a moderna liberdade de pensamento sobre o sexo não se sente nem um pouco à vontade com as implicações da afirmação de Freud de que o desejo sexual permeia todos os aspectos da experiência humana.

Isso fica mais óbvio no lugar proeminente que ele confere ao complexo de Édipo. A afirmação de que as crianças são seres sexuais, com uma vida rica em fantasias, continua tão chocante agora quanto era no início do século XX. A crença comum de que as crianças são "inocentes" de sexualidade e de sentimentos sexuais deixa de lado seus esforços na busca de entender o misterioso reino da sexualidade. Lembremos que o registro de Freud do que constitui "o sexual" vai muito além de limitar esse conceito ao prazer genital. "O sexual" abrange experiências físicas e psíquicas. Negar que esse seja o caso deixa de contemplar a investigação, muitas vezes confusa e ocasionalmente aflitiva, do sexo na vida de crianças e adolescentes.

Para muitos, a rejeição por parte de Freud do abuso sexual como a raiz da histeria continua a ser o obstáculo que os impede de aceitar sua teoria psicossexual. Como vimos, ele chegou a essa conclusão, não porque negasse que o abuso tivesse um dia ocorrido, mas porque desejava chamar a atenção para as fortes fantasias de sedução pelo genitor que impulsionavam essas doenças.

Será que esse deslocamento da ênfase do "mundo real" para o mundo do inconsciente e do desejo equivale a uma negação da existência do abuso sexual? Não necessariamente. Ao ressaltar as fantasias que caracterizam nosso envolvimento com o mundo, ele oferece uma ferramenta para que examinemos com novos olhos o impacto destrutivo de relações abusivas.

Freud recusa-se a reduzir a sexualidade a atos sexuais específicos. O sexo nunca está simplesmente confinado às experiências do corpo físico. Ele também é construído através das fantasias que emergem das circunstâncias individuais de nossa infância. Com esse pano de fundo, o abuso infantil é horrendo, não simplesmente por causa dos atos de quem abusa, que acontecem no mundo físico "real". Quando o abuso ocorre, os desejos da criança — aquelas construções imaginárias que não fazem parte desse mundo físico — são concretizados, muitas vezes com consequências extremamente danosas.

Lolita de Vladimir Nabokov fornece uma visão das camadas complexas que podem compor uma relação abusiva. Mais para o final do livro, Humbert contempla em retrospectiva sua vida com Lolita, a "ninfeta" de 12 anos que ele raptou e seduziu. Lolita é enteada de Humbert e, antes do sequestro, tinha uma paixonite infantil pelo padrasto. Isso veio para o mundo real por conta dos atos de Humbert. A história é narrada da perspectiva de Humbert. A inteligência do texto de Nabokov seduz o leitor, levando-o a aceitar a versão de Humbert da sua relação. Mas ocorre um momento nauseante quase no final do livro que sacode o leitor com vigor, fazendo com que nos lembremos do que aconteceu a essa menina:

> Houve o dia em que eu, não tendo cumprido a promessa vazia que lhe tinha feito na véspera (não importava o que fosse que ela estivesse querendo do fundo daquele seu coraçãozinho — um rinque de patinação com algum tipo de piso plástico especial, ou uma matinê no cinema à qual queria ir sozinha), vislumbrei do

banheiro, por uma combinação fortuita de um espelho inclinado e de uma porta semicerrada, um ar no seu rosto... esse ar não consigo descrever com exatidão... uma expressão de impotência tão perfeita que parecia ir se transformando aos poucos numa vacuidade bastante confortável, simplesmente porque esse era o verdadeiro limite da injustiça e da frustração – e todo limite pressupõe alguma coisa para além dele – vindo daí a revelação natural. E, se você tiver em mente que essas eram as sobrancelhas erguidas e os lábios entreabertos de uma criança, poderá entender melhor que profundezas de carnalidade calculada, que desespero ponderado, me impediram de me deixar cair aos seus pés adorados e me dissolver em lágrimas humanas...

Nesse breve momento, Nabokov abre uma janela para mostrar a experiência de Lolita. Ela é uma criança, que deveria estar aproveitando o que pertence à meninice. Seus pensamentos sobre o sexo deveriam fazer parte do seu mundo imaginário. Em vez disso, ela está confinada a vários quartos de hotel, isolada de outras pessoas e numa relação exaustiva e manipuladora com o homem que deveria estar agindo como seu pai. O fato de terem se concretizado dessa forma seus "desejos edipianos", como Freud os chamaria, de substituir a mãe como objeto do amor do pai, agrava a dor da sua experiência. Ao tirar proveito dessas fantasias, Humbert prendeu-a num mundo criado por ele. É provável que o pleno horror dessa história somente possa ser captado se observarmos, com Freud, a natureza complexa da sexualidade, que combina atos físicos com o reino da fantasia (tanto inconscientes como conscientes). Longe de negarem o horror do abuso, as ideias de Freud permitem uma reflexão mais profunda sobre o dano causado por tais atos, além de representar um desafio a algumas poderosas narrativas sociais sobre a infância e o poder de escolha. Essas narrativas nem sempre são úteis para a compreensão da natureza complexa das relações abusivas e da exploração sexual de crianças por adultos.

Estudar o Freud que atua como crítico cultural pode levar a outras conclusões surpreendentes. Freud esforçava-se ao máximo para se apresentar como um "cientista da mente", que queria criar uma disciplina que descrevesse com precisão os processos da mente. Não surpreende, portanto, que isso tenha levado comentadores contemporâneos, como Mark Solms, a afirmar que, se estivesse vivo agora, Freud teria prazer em abraçar a neurociência e seu sucesso no mapeamento da atividade cerebral.

Há muitos aspectos que recomendam essa adoção de Freud pela neurociência. Freud costumava se sentir embaraçado pelas fontes bastante confusas e individualistas da sua teoria e, sem dúvida, teria considerado atraente o estilo distanciado e objetivo da neurociência. Contudo, antes que Freud seja reivindicado depressa demais para a neurociência, é importante ressaltar os limites desta para o tipo de iniciativa em que ele embarcou. O psicólogo William Uttal descreve a neurociência, em termos nem um pouco lisonjeiros, como a "nova frenologia". Os "antigos" frenologistas do século XIX, através do uso de medições do crânio humano, buscavam associar funções psicológicas específicas a áreas específicas do cérebro, abrindo o caminho para o foco dos neurocientistas contemporâneos. Ao traçar esse paralelo, Uttal pretende mostrar os problemas que resultam de uma extensão excessiva da abrangência interpretativa desse método. Os frenologistas, por exemplo, acreditavam que poderiam identificar a criminalidade medindo o crânio. Ao ressaltar a importância da localização de funções psicológicas em partes específicas do cérebro, será que a extensão das conclusões neurocientíficas a todos os aspectos da vida não estará descartando a importância de estudos psicológicos de como os indivíduos de fato se comportam?

À luz da crítica de Uttal, voltemos a Freud. A prática e a teoria de Freud vão muito além da ideia de que é apenas necessário encontrar um método para descrever os processos do cérebro humano com a máxima precisão possível. O interesse de Freud também se volta para investigar o comportamento e os relacionamentos humanos. Além disso, como seu trabalho se desenvolve a partir da clínica médica, ele nunca está oferecendo apenas um pouco de pesquisa científica pura. Sempre há o elemento terapêutico. Ele é um médico clínico, que busca combater a doença. Seu trabalho clínico almeja permitir modos mais eficazes de viver para aqueles cuja vida está assolada pela doença mental. Isso afeta suas conclusões científicas. Embasada na vida de seus pacientes, sua teoria oferece um envolvimento personalizado com a experiência vivida de ser humano, indo além da descrição abstrata. Ela é pessoal e sempre possui um objetivo terapêutico direcionado ao comportamento e às atitudes do indivíduo. Lado a lado com a elaboração de teorias sobre o funcionamento da mente, Freud procura desenvolver métodos que capacitem os pacientes transtornados a se reconciliar com quem eles são e com as coisas que fazem.

Esse foco terapêutico, bem como o que ele acarreta na prática, faz com que avancemos para uma segunda maneira de ler Freud que tem muito a dizer aos nossos tempos.

Freud, o filósofo da moral

No final do capítulo anterior, examinamos a possibilidade de uma relação mais criativa entre Freud e o estudo da religião. Ali, refletimos sobre a possibilidade de que certas formas de religião e as ideias de Freud sobre o destino oferecessem meios para nos harmonizarmos com a vida num mundo em transformação. Essa ligação exige que pensemos sobre a questão de como viver. Se não nos agradar a ideia de considerar que Freud oferece uma perspectiva religiosa para além do teísmo restrito que constitui o foco da sua crítica, poderíamos, sim, pensar na contribuição que ele faz como filósofo da moral.

Chamar Freud de filósofo da moral é quase tão polêmico quanto chamá-lo de religioso. Freud não teria ficado feliz em adotar esse título. Entretanto, o filósofo Alfred Tauber afirma que talvez fosse possível pensar em Freud como um "filósofo relutante". Atraído pela filosofia quando jovem estudante, Freud logo se desagradou das abstrações e generalizações da investigação filosófica. Comentários cáusticos sobre a inadequação do método filosófico estão salpicados em sua obra do início ao fim.

Essa rejeição ostensiva mascara o fato de que Freud nunca foi totalmente capaz de resistir à atração do filosófico. Em parte, isso decorre da necessária tensão entre sua dedicação ao método científico e as necessidades do método terapêutico. Assim que você tenta procurar soluções para aquilo que aflige o espírito humano, não consegue deixar de propor a pergunta de como os seres humanos poderiam levar vidas melhores e mais gratificantes. Por esse motivo, Freud não consegue evitar a filosofia. Em termos específicos, ele não consegue evitar o ramo da filosofia que desloca a disciplina do território do abstrato para a dimensão ética. É importante que não haja mal-entendido quanto ao que significa falar sobre "o ético". Em vez de limitar esse termo à discussão de questões do que é certo e do que é errado, é melhor ampliá-la como a disciplina que trata da questão de como viver.

O método terapêutico de Freud leva-o à esfera tradicionalmente ocupada pela filosofia moral. Como terapeuta, sua abordagem encaixa-se bem na descrição da filosofia, oferecida pelo antigo filósofo Epicuro, como aquilo que alivia a alma doente. Para fazer isso de modo eficaz, o filósofo/terapeuta deve fornecer reflexões que capacitem o indivíduo a descobrir a melhor forma de viver no mundo. Não há resposta fácil para a pergunta do que isso significa: especialmente se, como Freud (e Epicuro), você rejeitar as certezas da religião.

As ferramentas fornecidas pela psicanálise permitem o fortalecimento da nossa vida mental, um processo que torna possível modos mais gratificantes de viver. Para Freud, essas ferramentas permitem "amar e trabalhar" (Freud, 1930 [1929]: 101), as duas características que ele identifica no centro de uma vida bem vivida. A combinação de obter clareza mental e então ser capaz de entrar em relacionamentos e numa atividade significativa exige uma nova dimensão. Isso associa os objetivos clínicos de Freud a suas especulações metapsicológicas. Para viver bem, a pessoa precisa descobrir uma forma de se orientar com o resto do universo.

Quando Freud estende suas teorias da explicação da doença mental para afirmações mais gerais sobre a atividade humana, ele o faz reiterando sua alegação de que a vida humana compreende atributos tanto instintivos quanto mentais. Essa composição dá ensejo à tragédia da condição humana, pois existe uma tensão no coração do animal humano. Freud, o biólogo, reconhece que os humanos são animais movidos por seus instintos, entre eles os instintos sexuais. Freud, o psicólogo, observa que os humanos não se situam simplesmente nesse mundo animal. Eles são animais, mas de uma espécie peculiar. Desejos instintivos de reproduzir-se ou de matar podem ser sublimados, transformando-se na energia que produz excelente arte, filosofia e literatura. Embora seja isso o que gera os tesouros da cultura humana, também é isso que faz com que nunca estejamos totalmente satisfeitos. Para obter a proteção oferecida pela vida em comunidade, temos de sublimar os desejos que, de outro modo, a destruiriam.

Essa teoria psicanalítica da cultura humana não pode deixar de se tornar filosófica em seu tom. O método terapêutico de Freud tem como alvo tornar consciente o que é inconsciente. Com essa clareza recém-encontrada, o paciente pode mais uma vez ocupar seu lugar no mundo. Para viver bem, o indivíduo precisa descobrir um meio de situar seus desejos e necessidades no contexto maior do universo em que se encontra. Em vez de desfigurar a natureza desse universo – a principal crítica de Freud à religião –, a pessoa precisa aceitar o universo como ele é.

O registro de Freud de como esse universo é chega de certo modo a solapar sua crença excessivamente otimista nas possibilidades da ciência num mundo que tenha rejeitado as superstições religiosas. O alegre otimismo científico de Freud nunca é mantido. Como ressalta o filósofo político Joshua Foa Dienstag, talvez uma melhor descrição da visão de Freud fosse como uma forma de pessimismo metafísico. Freud encara o universo como um lugar em que os seres humanos estão fadados a suportar uma vida carregada de problemas que nunca podem ser totalmente erradicados. Ele poderia jogar com a possibilidade – derivada do zoólogo August Weismann (1834-1914) – de que a morte "não pode ser considerada uma necessidade absoluta com sua base na própria natureza da vida" (Freud, 1920: 46), mas em última análise ele reconhece que não é possível mudar o contexto fundamental da vida humana. Existe sofrimento, e existe morte. A tarefa humana consiste em descobrir formas de conviver com essas experiências e com esse conhecimento. A psicanálise é eficaz porque fornece ferramentas que fortalecem a vida mental da pessoa diante dos sofrimentos do mundo.

Situar sua explanação de como viver, tendo como pano de fundo as realidades sombrias da experiência humana, desafia uma narrativa cultural dominante nas sociedades ocidentais contemporâneas. Desde a década de 1990, governos ocidentais vêm lutando para entender por que níveis crescentes de afluência no mundo ocidental não se fazem acompanhar de um aumento semelhante nos níveis de felicidade. Para lidar com essa aparente incongruência, estratégias educacionais e políticas sociais foram criadas para cultivar e sustentar efêmeras sensações de felicidade.

A crise financeira global de 2008 foi proclamada como um marco do início de uma nova "era de austeridade", à medida que governos do mundo inteiro procuram fazer cortes nos gastos públicos e reduzir déficits de orçamento. Apesar dessas realidades implacáveis que invariavelmente afetam os padrões de vida, cultivar o bem-estar continua a ser uma preocupação crucial das políticas públicas. Em vez de detalhar essas iniciativas, vale examinar os pressupostos culturais que dominam a preocupação com o bem-estar, pois é aqui que Freud se revela um contraponto valioso em relação a algumas narrativas populares sobre o que significa viver bem.

Uma rápida olhada por revistas, jornais e programas de entrevistas revela uma visão particular da "vida bem-sucedida". Para ter sucesso, você deveria ser feliz; atraente; ter um bom emprego, bem remunerado, no qual obtenha *status* e respeito; e deve estar num bom relacionamento que tenha lhe dado belos filhos. Perder um desses elementos, ou carecer de um deles, significa correr o risco de ser visto como um "fracassado". E o fracasso é algo a ser evitado a qualquer preço. Levando-se em conta uma visão dessas, parece haver pouco espaço para as experiências da perda, do sofrimento ou da infelicidade.

Freud oferece uma opinião contrastante, que pode nos parecer uma espécie de alívio diante de uma visão tão incessantemente otimista da vida bem-sucedida. Ele resiste, resoluto, ao pressuposto de que a vida possa ser feliz na forma sugerida por narrativas desse tipo. Apanhada entre os mundos dos instintos que exigem satisfação e a necessidade de sublimar esses instintos para que a sociedade possa sobreviver, a felicidade realmente não é uma opção. Um nítido desafio à realidade é a crença predominante no século XXI de que a felicidade pode ser atingida – seja por meio da liberdade do processo democrático, pelo aumento de nosso poder aquisitivo, por nos tornarmos famosos, seja pelo recurso a uma bela imagem, construída por um cirurgião plástico. Formas populares de psicoterapia mantêm esse mito, ao insinuar que a felicidade possa ser alcançada se ao menos fizermos esforços suficientes por nosso aprimoramento. Sob esse aspecto, a terapia torna-se um método para realizar o que se quer, que reflete a esperança liberal de desenvolvimento e progresso.

A visão de Freud é o exato oposto, porque ele reconhece a natureza precária da situação humana. Alinhar nossas expectativas com o jeito que o mundo é abre espaço para uma atitude mais realista para com os proveitos que podem ser encontrados na vida. Durante uma conversa com a princesa Maria Bonaparte, sua amiga e confidente, Freud reitera os comentários tecidos em seu ensaio "Sobre a transitoriedade". A princesa observa que considera triste a efemeridade de todas as coisas no universo. A reação de Freud vem por meio de uma pergunta: "Por que triste? A vida é assim. É exatamente esse fluxo permanente que a torna bela." Reconhecer o fluxo da vida e o próprio lugar num universo mutável, em transformação, possibilita uma forma diferente de lidar com o sofrimento da vida. Essa atitude, por assim dizer, põe as coisas numa perspectiva eterna, ao situar as preocupações do indivíduo contra o pano de fundo da imensidão do universo, da longevidade da história e da força de seus processos. Nosso sofrimento deixa de ser direcionado pessoalmente contra nós por uma Natureza ou um Deus perverso, passando, sim, a pertencer ao jeito que o mundo é.

Adotar essa perspectiva não significa que Freud minimize a natureza fundamentalmente trágica da vida. Não há nenhuma alegria falsa ou aceitação fácil a se obter com uma visão dessas. Isso se manifestou na sua própria vida: perto da morte e passando por dores terríveis decorrentes do câncer no maxilar, Freud reconheceu que estava no fim e decidiu dar termo à própria vida. Os motivos de Freud eram que a dor que estava sentindo resultava na perda de qualquer noção do sentido da vida: "agora tudo é tortura, e viver já não faz sentido". Todos acabam chegando ao portal da morte. Embora isso signifique que não pode haver finais realmente felizes, também não quer dizer que o caminho da vida que nos trouxe até esse ponto seja necessariamente sem sentido.

Aqui as ferramentas da psicoterapia tornam-se significativas, oferecendo, como Dienstag registra, um método para administrar a condição humana. Essa abordagem bastante modesta leva em conta o pano de fundo cósmico. É ao cultivo de "técnicas de viver" – modos de chegar a uma acomodação com as lutas da vida – que Freud dá ênfase. Ele não oferece respostas fáceis sobre como viver, pois não há apelos óbvios que possam ser feitos a autoridades ou forças superiores. O que ele oferece é uma forma realista de enfrentar as experiências muitas vezes dolorosas e confusas da nossa vida, através do processo da reflexão psicanalítica. Um empenho sério e honesto com nossa vida proporciona ferramentas para moldar uma vida que possa ser significativa, mesmo diante do sofrimento e da morte. Como os antigos filósofos estoicos, Freud nos ajuda a pensar sobre a natureza da nossa vida, situando nossas experiências no universo maior.

É um percurso árduo a seguir e exige que se ponha de lado a ilusão de que talvez haja um caminho fácil para atravessar a vida, mesmo que conseguíssemos encontrá-lo. No entanto, as soluções limitadas que Freud oferece têm certa riqueza. Ele nos incentiva a ver o mundo e a nós mesmos de modo diferente. Ele nos oferece, por assim dizer, novos olhos para observar o que é por demais familiar. Confere estranheza àquilo que consideramos "normal", enquanto associa essa categoria por demais confortável aos comportamentos aparentemente "anormais" de "outras pessoas" problemáticas. Ele desnorteia nosso sentido de quem somos e altera a forma com que, subsequentemente, refletimos sobre o mundo, sobre nós mesmos e cada um sobre o outro. Nesse sentido, sua obra é análoga à de grandes pintores. Ele nos ajuda a ver o mundo de modo diferente, e a visão que apresenta é repleta de mais cor e vida do que antes poderíamos ter imaginado. Ele nos capacita a contemplar com outros olhos as coisas deste mundo, alterando nossa apreciação do rotineiro.

Quando nos desafia a olhar de novo para algo que tínhamos por líquido e certo, o "comum" é transformado.

No cerne dessa nova percepção está a explanação do eu por parte de Freud. Nunca transparente, sempre opaca, a tarefa do autoconhecimento – a famosa instrução do Oráculo de Delfos – envolve um trabalho considerável. Tanto assim que talvez fosse melhor descrevê-lo como o trabalho da autocriação. Somente por meio do questionamento das nossas motivações, nossos pressupostos e nosso modo habitual de pensar sobre nossa vida, esse "eu" misterioso consegue surgir das sombras. Ao encarar a nós mesmos (nossas vontades, desejos, medos e angústias), podemos começar a viver de modo mais criativo. Longe de serem anacrônicas e descabidas, as ideias de Freud fornecem maneiras de repensar nossas experiências, e suas práticas permitem o surgimento de novas formas de pensar e viver. É isso o que faz dele uma figura intelectual tão colossal, tantos anos após sua morte. Não é que seus textos simplesmente o revelem como um dos maiores pensadores e inovadores da modernidade; mas que, quando travamos um diálogo com ele, uma nova luz pode ser lançada sobre o que significa estar vivo e – o que é mais importante – o que significa realmente viver.

Sugestões para leituras complementares

Capítulo 1

Para a melhor introdução recente à obra de Freud, de autoria de um escritor que é também psicanalista e filósofo, ver *Freud* de Jonathan Lear (Londres: Routledge, 2005). Para um dicionário prático de termos psicanalíticos, ver *Vocabulaire de la psychanalyse* de Jean Laplanche e Jean-Bertrand Pontalis (Paris: PUF, 1987) [*Vocabulário da psicanálise*, São Paulo: Martins Fontes, 2001]

A fascinante biografia de Peter Gay, *Freud: A Life for Our Time* (Macmillan: Papermac, 1995) [*Freud: uma vida para o nosso tempo*, São Paulo: Companhia das Letras, 1989] continua a ser o melhor relato da sua vida e obra. Para a perspectiva de um dos seus seguidores, ver *The Life and Work of Sigmund Freud*, de Ernest Jones, edição organizada e resumida por L. Trilling e S. Marcus (Nova York: Basic Books, 1961) [*A vida e a obra de Sigmund Freud*, Rio de Janeiro: Imago, 1989]. Para um relato dos últimos anos da vida de Freud, que contrapõe sua história à de Hitler e da ascensão do nazismo, ver *The Death of Sigmund Freud* de Mark Edmundson (Londres: Bloomsbury, 2007) [*A morte de Freud*, Rio de Janeiro: Odisseia, 2009]. Para uma irresistível história cultural da criação da psicanálise, ver *Revolution in Mind* de George Makari (Nova York: HarperCollins, 2010). Os comentários sobre a perda de Sophie e Heinele estão na obra de Gay pp. 391-2 e 422, respectivamente. Seus comentários sobre os nazistas pelo menos só estarem queimando livros estão na obra de Gay, pp. 592-3.

Freud continua a ser uma figura polêmica, que desperta adoração como herói, por parte de alguns, e ódio, por parte de outros. *In the Freud Archives* de Janet Malcolm (Londres: Fontana, 1984) [*Nos arquivos de Freud*, Rio de Janeiro: Record, 1983] oferece um relato de leitura agradável sobre a controvérsia em torno dos arquivos de Freud, incluindo avaliações críticas dele e da sua obra por Jeffrey Masson e Peter Swales. Uma avaliação mais recente, mas igualmente crítica, é apresentada por Richard Webster em *Why Freud Was Wrong* (Londres: HarperCollins, 1995) [*Por que Freud errou*, Rio de Janeiro: Record, 1999]. Quaisquer que tenham sido os fatos reais, é evidente que Freud foi um vulto imponente que deixou uma impressão fortíssima em seus pacientes. Sergei Pankejeff (que aparece nos estudos de caso como o "Homem dos Lobos") assim descreve Freud:

> A apresentação de Freud era tal que conquistou minha confiança de imediato. Na época, ele estava com seus cinquenta e poucos anos e parecia gozar de perfeita saúde. Era de altura e compleição medianas. Em seu rosto alongado, emoldurado por uma barba bem aparada, já se tornando grisalha, as feições mais impressionantes eram os olhos escuros e inteligentes, que me lançavam um olhar penetrante, mas sem me causar a menor sensação de constrangimento. Sua maneira de trajar-se em estilo correto, convencional, e sua atitude simples, porém segura, indicavam seu amor pela ordem e sua serenidade interior... Em meu primeiro encontro com Freud, tive a sensação de deparar com uma personalidade admirável (Gardiner, 1973: 155).

As reflexões de Pankejeff sobre sua análise com Freud podem ser encontradas na coletânea organizada por Muriel Gardiner *The Wolf-Man and Sigmund Freud* (Londres: Pelican Books, 1973).

Para introduções à histeria, nas obras de Freud e em outras, ver o valioso manual de Julia Borossa, *Hysteria* (Cambridge: Icon Books, 2001), e a análise mais extensa de Christopher Bollas,

Hysteria (Londres: Routledge, 2000). Para um exame do papel desempenhado pela fotografia na "invenção" da histeria, ver *Invention of Hysteria: Charcot and the Photographic Iconography of the Salpêtrière*, de Georges Didi-Huberman, traduzido para o inglês por Alisa Hartz (Cambridge, MA: MIT Press, 2003).

Muito já se escreveu sobre os possíveis antepassados filosóficos das ideias de Freud. Para as conexões entre Freud e Schopenhauer, ver Richard Bilsker, "Freud and Schopenhauer: Consciousness, the Unconscious, and the Drive Towards Death", *Idealistic Studies*, 27, 1997, pp. 79-90; Jerry S. Clegg, "Freud and the Issue of Pessimism", *Schopenhauer Jahrbuch*, 61, 1980, pp. 37--50; Joshua Foa Dienstag, *Pessimism: Philosophy, Ethic, Spirit* (Princeton: Princeton University Press, 2006); e Christopher Young e Andrew Brook, "Schopenhauer and Freud", *International Journal of Psychoanalysis*, 75, 1994, pp. 101-18. A descrição da mente apresentada por Schopenhauer está em *The World as Will and Representation*, vol. 2, tradução para o inglês de E. F. J. Payne (Nova York: Dover, 1844), 1966, p. 135.

Acerca das ligações com Nietzsche, ver Ronald Lehrer, *Nietzsche's Presence in Freud's Life and Thought: On the Origins of a Psychology of Dynamic Unconscious Mental Functioning* (Nova York: State University of New York Press, 1995); Bruce Mazlish, "Freud and Nietzsche", *Psychoanalytic Review*, 55 (3), 1968, pp. 360-75; e Paul Roazen, "Nietzsche and Freud: Two Voices from the Underground", *Psychohistory Review*, 19 (3), 1991, pp. 327-48. A alegação de Freud de que "não conhecia" Nietzsche é relatada por Paul Federn em *Minutes of the Vienna Psycho-Analytic Society*, vol. 11, 1906-08, pp. 355-61.

Vale examinar as relações de Freud com mulheres porque elas fazem algum avanço no sentido de questionar a visão dele como um patriarca chauvinista, cujas ideias cultuam a noção de que a mulher não pode ser nada além de mãe, apanhada nos impulsos reprodutivos da natureza. Para detalhes tanto da crítica feminista como de uma resposta a ela, ver Juliet Mitchell, *Psycho-*

analysis and Feminism (Harmondsworth: Penguin, 1975). *Freud's Women* de Lisa Appignanesi e John Forrester (Londres: Phoenix, 2005) apresenta um exame detalhado sobre todas as mulheres na vida de Freud, além de oferecer um relato bastante interessante da sua relação com Lou Andreas-Salomé. Eles também fornecem detalhes da abordagem característica de Andreas-Salomé à psicanálise. As citações de Andreas-Salomé são das pp. 243 e 268. Para um vislumbre de seus pensamentos acerca da relação com Freud, ver *The Freud Journal of Lou Andreas-Salomé*, traduzido para o inglês e organizado por Stanley A. Leavy (Nova York: Basic Books, 1964). Para detalhes da vida e das ideias de Maria Bonaparte e da sua relação com Freud, ver *Marie Bonaparte: A Life*, de Célia Bertin (New Haven: Yale University Press, 1982). Para um relato da vida da sua mulher, Martha Bernays, ver *Martha Freud* de Katja Behling (Cambridge: Polity Press, 2005). Para detalhes do questionamento feminista ao seu foco sobre as relações masculinas e, em especial, a relação entre pai e filho, ver Christiane Olivier, *Jocasta's Children: The Imprint of the Mother* (Londres: Routledge, 1989); e Angela Carter, *The Sadeian Woman: An Exercise in Cultural History* (Londres: Virago, 1979). Para as reflexões de Melanie Klein sobre o papel da mãe e do seio, ver "Notes on Some Schizoid Mechanisms" em *Envy and Gratitude and Other Works 1946-1963* (Londres: Hogarth, 1975), pp. 1-24.

Para detalhes da vida e da obra de Anna Freud, ver Elisabeth Young-Bruehl, *Anna Freud: A Biography* (Nova York: WW Norton & Co, 1994). Para sua obra mais importante, ver *The Ego and the Mechanisms of Defence* (Londres: Hogarth Press, 1936). As reflexões de Freud sobre a importância de Anna são do livro de Gay, *Freud: A Life for Our Time*, p. 650.

Para um registro conciso das diferentes teorias da mente de Freud, ver Richard Wollheim, *Freud* (Londres: Fontana, 1971). Para uma discussão mais extensa, ver Joseph Sandler, Alex Holder, Christopher Dare e Anna Ursula Dreher, *Freud's Models of the Mind: An Introduction* (Londres: Karnac, 1997).

Para quem estiver interessado em descobrir mais sobre os diferentes caminhos do desenvolvimento da psicanálise desde a morte de Freud, ver *Freud and Beyond: A Modern History of Psychoanalytic Thought* de Stephen Mitchell e Margaret Black (Nova York: Basic Books, 1995).

A transmissão das ideias de Freud através da cultura popular, e especialmente do cinema, vem sendo uma fonte de interesse para teóricos contemporâneos da psicanálise. Além de influenciar explicitamente o trabalho de quem faz cinema, a teoria psicanalítica fornece um modo de interpretar filmes. Para uma valiosa coleção de ensaios de crítica psicanalítica de filmes, ver *Psychoanalysis and Cinema* de E. Ann Kaplan (Londres: Routledge, 1990). A afirmação de Nietzsche de que o homem pode ser o mais doentio de todos os animais, mas decididamente é o mais interessante, foi extraída de *O Anticristo* (1895), §14. Aqui a tradução para o inglês é de R. J. Hollingdale (Londres: Penguin, 1990), p. 136.

Capítulo 2

Pode-se encontrar uma introdução boa e concisa à histeria em *Hysteria* de Julia Borossa (Cambridge: Icon Books, 2001); suas reflexões sobre não darem ouvidos à histérica estão na p. 20. Para detalhes dos casos de Freud que os situam num contexto maior, ver Lisa Appignanesi e John Forrester, *Freud's Women* (Londres: Phoenix, 2005), capítulos 3 e 5; e *Freud: A Life for Our Time* de Peter Gay (Londres: Macmillan, [1988] 1995) pp. 69-87, 246--55 [*Freud: uma vida para o nosso tempo*, São Paulo: Companhia das Letras, 1989].

O papel do estudo de caso pode ter provocado alguma inquietação em Freud, mas esse costuma ser o modo mais fácil de entrar em contato com ideias psicanalíticas. Para alguns estudos de caso contemporâneos que são tão fascinantes quanto os do próprio Freud, ver *Love's Executioner and Other Tales of Psycho-*

therapy de Irving Yalom (Londres: Penguin, 1991), e, mais recentemente, *The Examined Life: How We Find and Lose Ourselves* de Stephen Grosz (Londres: Chatto & Windus, 2013).

O diagnóstico da histeria gera controvérsia e tem constituído o foco para leituras feministas de crítica à psicanálise. *In Dora's Case: Freud, Hysteria, Feminism*, coletânea organizada por Charles Bernheimer e Claire Kahane (Londres: Virago, 1985), oferece uma boa coleção de ensaios que tratam dessa questão, bem como do caso de Dora em termos mais amplos. Contribuições importantes são "Dora's Secrets, Freud's Techniques" de Neil Hertz (pp. 221-42) e "Freud and Dora: Story, History, Case History" de Steven Marcus (pp. 56-91). Para detalhes da posterior amizade de Dora com a sra. K., ver *Freud's Women* de Appignanesi e Forrester, p. 167.

Em tempos mais recentes, psicanalistas voltaram à histeria para reavaliar sua pertinência como diagnóstico. Ver Christopher Bollas, *Hysteria* (Londres: Routledge, 2000) e Juliet Mitchell, *Mad Men and Medusas: Reclaiming Hysteria* (Nova York: Basic Books, 2000). A afirmação de Bollas de que a histeria revela "problemas com o corpo" pode ser encontrada na p. 19 do seu livro.

Se Freud identifica a transferência atuando no caso de Dora, coube a analistas posteriores investigar em termos mais plenos de que modo ela poderia ser usada na prática psicanalítica. Isso tem importância particular na prática psicanalítica kleiniana: ver "The Origins of Transference" em *Envy and Gratitude and Other Works 1946-1963* (Londres: Hogarth, [1952] 1975) pp. 48--56. Para o relato mais claro sobre o uso da transferência na prática kleiniana, ver "Transference: The Total Situation" de Betty Joseph, *International Journal of Psychoanalysis*, 66, 1985, pp. 447-54. Naturalmente, isso não quer dizer que a transferência (e a contratransferência) não seja importante para outras escolas de psicanálise. Ver, por exemplo, "On Transference" de Donald Winnicott, *International Journal of Psychoanalysis*, 37, 1956, pp. 386-8; e

"Hate in the Counter-transference" em seus *Collected Papers: Through Pediatrics to Psychoanalysis* (Nova York: Basic Books, 1958), pp. 191-203. Este último fornece um bom exemplo de um analista que procura ir aonde Freud não foi. Para uma perspectiva bastante diferente sobre esse fenômeno – a da análise lacaniana –, ver "Intervention on Transference" de Jacques Lacan em Bernheimer e Kahane (1951), pp. 92-104.

Sobre o entendimento psicanalítico posterior acerca da relação entre fantasia e realidade, ver "Fantasy and the Origins of Sexuality" de Jean Laplanche e Jean-Bertrand Pontalis na coletânea organizada por Riccardo Steiner, *Unconscious Phantasy* (Londres: Karnac, 2003) pp. 107-14; e "Phantasy and Reality" de Hanna Segal, também em Steiner, pp. 199-209. Segal também escreveu sobre a relação entre criatividade e fantasia em seu "Imagination, Play and Art", também na coletânea de Steiner, pp. 211-21.

Capítulo 3

Vale ler *Oedipus Rex* de Sófocles em *The Theban Plays* (é fácil encontrar a tradução para o inglês de E. F. Watling, para a Penguin, 1947) para identificar as partes da história postas em primeiro plano pela teoria de Freud, bem como as diferentes leituras que a peça poderia ensejar. Observe que, na peça, Jocasta é uma figura muito mais ambígua do que sua descrição como "mãe" na teoria de Freud. Para escapar do seu destino (a morte pelas mãos do filho), Jocasta expõe Édipo, abandonando-o ao que ela supõe venha a ser sua morte.

Freud também se vale de outra peça muito encenada, o *Hamlet* de Shakespeare, alegando que a incapacidade de Hamlet vingar a morte do pai, matando o tio, Claudius, que assumiu o trono e desposou Gertrude, a mãe de Hamlet, só pode ser explicada pelo complexo de Édipo. Hamlet não tem como punir Claudius, porque no ato de Claudius ele reconhece, no inconsciente, seus desejos de infância de matar o pai para obter a posse exclusiva da mãe (ver Freud, 1897: 266; 1900: 265).

Para as feministas, o complexo de Édipo, derivado da experiência masculina, leva a questionar até que ponto a psicanálise pode ter valor para as mulheres. Um bom exemplo dessa crítica feminista está no ensaio de Toril Moi, "Representation of Patriarchy: Sexuality and Epistemology in Freud's Dora", em *In Dora's Case: Freud, Feminism and Hysteria*, orgs. C. Bernheimer e C. Kahane (Londres: Virago, 1985), pp. 181-99. Feministas francesas, como Luce Irigaray, por exemplo, de formação lacaniana, se concentraram na ideia da possibilidade de haver uma experiência feminina distinta, que seja mais do que simplesmente uma identidade definida em oposição a valores supostamente sustentados pelos homens. Lacan afirma que não existe o que se possa chamar de "Mulher", pois o conceito "Mulher" surge meramente como uma projeção inversa dos valores, da linguagem e da experiência da masculinidade (ver o ensaio de Lacan, "God and the Jouissance of The Woman: A Love Letter", em *Feminine Sexuality: Jacques Lacan and the Ecole Freudienne*, organização de Juliet Mitchell e Jacqueline Rose (Basingstoke: Macmillan, 1982), pp. 137-61. *This Sex Which Is Not One*, de Irigaray, tradução para o inglês de C. Porter (Ithaca, NY: Cornell University Press, 1985) fornece uma resposta, propondo formas de estabelecer uma genuína alteridade (ou "diversidade") feminina que decorra da experiência feminina e não dependa da categorização masculina.

O questionamento mais conhecido à alegação de que, para alcançar a verdadeira feminilidade, é necessário abandonar o prazer sexual localizado no clitóris é a do ensaio de Anne Koedt, "The Myth of the Vaginal Orgasm" (na coletânea organizada por Sneja Gunew, *A Reader in Feminist Knowledge*, Londres: Routledge, 1991, pp. 326-34). Outra questão controvertida cerca as implicações morais do trajeto que Freud atribui à versão feminina do complexo de Édipo. A conclusão de que as mulheres de algum modo são moralmente menos íntegras que os homens não se limita nem a Freud nem ao mundo posterior à psicanálise. Para um exemplo de uma perspectiva semelhante, embora filosófica, em vez de psicanalítica, ver *Observações sobre o sentimento do belo e do sublime* (1764) de Immanuel Kant. Para uma resposta inicial a Freud que sugere um modo bem diferente de interpretar essa afirmação, ver *Zum Typus Weib* de Lou Andreas-Salomé (Imago 3, 1914), pp. 1-14, em que ela afirma que as mulheres são muito mais felizes que os homens porque não são escravas do superego.

Muitos críticos direcionaram seu ataque ao complexo de Édipo. Para um relato sucinto dessas críticas, ver *Freud and Jung on Religion* de Michael Palmer (Londres: Routledge, 1997). Para as primeiras críticas de Malinowski ao complexo, ver *Sex and Repression in Savage Society* (Londres: RKP, 1927). O fato de haver pontos fracos na aplicação de Freud do complexo de Édipo ao seu trabalho clínico foi reconhecido por psicanalistas contemporâneos. "Little Hans's Transference" de R.D. Hinshelwood (*Journal of Child Psychotherapy*, 15, 1989, pp. 63-78) fornece um bom exemplo de como as interpretações de Freud parecem forçar o material clínico para se encaixar no modelo fornecido por sua explanação do complexo de Édipo. Para um exemplo de uma análise que parece um pouco preocupada demais em reproduzir a leitura de Freud, ver "A Supplement to Freud's 'History of an Infantile Neurosis'" (1928) de Ruth Mack Brunswick, na coletânea organizada por Muriel Gardiner, *The Wolf Man and Sigmund Freud* (Londres: Hogarth Press, 1973).

O complexo de Édipo continua a ser um elemento central da teoria psicanalítica, na qual é interpretado de formas que divergem da formulação de Freud em termos significativos. Para a reelaboração do complexo segundo as relações de objeto, por Melanie Klein, ver seus ensaios "The Early Development of Conscience in the Child" (em *The Works of Melanie Klein*, Londres: Virago, 1988, vol. 2, 1933, pp. 248-57) e "The Oedipus

Complex in the Light of Early Anxieties" (em *The Writings of Melanie Klein*, Londres: Virago, 1988, vol. 1, 1945, pp. 370-419). "The Missing Link: Parental Sexuality in the Oedipus Complex" de Ronald Britton (na coletânea organizada por John Steiner, *The Oedipus Complex Today*, Londres: Karnac, 1989) desenvolve a explanação kleiniana, focalizando a importância do reconhecimento da relação dos pais, por parte da criança, uma relação que não a inclui. Uma perspectiva semelhante é trabalhada na descrição que a psicanalista francesa Julia Kristeva faz da relação da criança com a mãe. Em "Stabat Mater" (em *A Kristeva Reader*, Toril Moi [org.], Nova York: Columbia University Press, 1986, pp. 160-86), ela usa sua experiência da maternidade para investigar a separação da relação simbiótica com a mãe, separação que é necessária para que a relação com outros se torne uma realidade. A possibilidade de uma leitura diferente do complexo também é abordada em *Siblings* de Juliet Mitchell (Cambridge: Polity, 2003). Mitchell concentra a atenção na expressão horizontal do complexo no relacionamento entre irmãos, em vez de na manifestação hierárquica que domina a versão de Freud.

Para uma discussão mais completa do pensamento de Freud sobre Eros e Tânatos, ver meu *Sex and Death* (Cambridge: Polity, 2002), Capítulo 3. Para os comentários de Donald Winnicott sobre o instinto de morte, ver "Creativity and Its Origins" em *Playing and Reality* (Londres: Routledge, 1971), pp. 87-114. Para uma explanação que leva a sério a pulsão de morte e que estabelece uma relação entre ela e a teoria psicanalítica posterior, ver *The Sovereignty of Death* de Rob Weatherill (Londres: Rebus Press, 1998). Para os comentários de Neville Symington acerca da influência de Brentano sobre a tentativa de Freud de desenvolver uma metapsicologia, ver, de sua autoria, *The Blind Man Sees* (Londres: Karnac, 2004), Capítulo 2.

Que tipo de prática é a psicanálise? *Freud and Man's Soul* de Bruno Bettelheim (Londres: Hogarth Press, 1983) sugere uma visão literária das suas ideias principais, notadamente do complexo de Édipo. *Freud and Philosophy: An Essay on Interpretation* de Paul Ricoeur (New Haven e Londres: Yale Press, 1970) propõe uma perspectiva semelhante. O recente livro de Stephen Grosz, *The Examined Life* (Londres: Chatto & Windus, 2013) recorre ao poder da literatura e da arte de contar histórias para entender a terapia psicanalítica. Interpretações dessa espécie, que enfocam a narrativa, questionam a tentativa de Freud de fundamentar sua prática e suas conclusões na ciência empírica (ver "The Scientific Project for Psychology", *SE 1* ([1895] 1950), pp. 295-397). Muitos psicanalistas não ficariam nem um pouco satisfeitos com essa mudança rumo a um entendimento narrativo da sua disciplina. Um exemplo do esforço para fixar as práticas e teorias da psicanálise através da aplicação dos métodos da pesquisa empírica pode ser encontrado em *Attachment Theory and Psychoanalysis* de Peter Fonagy (Nova York: Other Press, 2001).

Alguns livros têm a estranha capacidade de fascinar e irritar. Para um desses, ver *Sexual Personae* de Camille Paglia (Harmondsworth: Penguin, 1991), que inclui seus comentários sobre as mulheres e a civilização.

Capítulo 4

Os diferentes modelos que Freud aplica à medida que investiga os processos da mente estão bem descritos por Richard Wollheim em seu *Freud* (1971). Embora a abordagem de Wollheim a Freud seja principalmente filosófica, Joseph Sandler, Alex Holder, Christopher Dare e Anna Ursula Dreher oferecem uma leitura especificamente psicanalítica dessas etapas no pensamento de Freud em sua obra *Freud's Models of the Mind: An Introduction* (Londres: Karnac, 1997).

A questão de como ler Freud e do papel da tradução para o inglês por Strachey em modelar a imagem de Freud como um psicólogo do desenvolvimento mantém seu interesse. Para uma discussão da tradução de Freud para o inglês, ver "To Explain Our Point of View to English Readers in English Words" de Riccardo Steiner, *International Review of Psychoanalysis*, 18, 1991, pp. 351-92. Vale registrar que Freud deu total aprovação à sistematização da psicanálise que Steiner identifica, acreditando que ela alinhava sua disciplina incipiente de um modo mais condizente com as ciências naturais. Ver "Some Elementary Lessons in Psychoanalysis" (1940) para obter os comentários de Freud sobre esse processo.

A leitura de Freud promovida por Lacan está bem explicada no primeiro capítulo de *Introduction to the Reading of Lacan* de Joël Dor (Nova York: Other Press, 1998). A ênfase sobre os escritos iniciais de Freud, que caracteriza a análise lacaniana, continua a ser significativa, não apenas na França, mas também de modo crescente na psicanálise anglófona. Para um exemplo do que isso poderia representar para uma leitura de Freud, ver a coletânea organizada por Rosine Perelberg, *Freud: A Modern Reader* (Londres: Whurr, 2005).

A construção psicanalítica do tempo e de que modo ele se relaciona com as diferentes instâncias psíquicas é de enorme importância para a psicanálise francesa. Ver a identificação por Andre Green das duas experiências do tempo em seu *Time in Psychoanalysis: Some Contradictory Aspects*, tradução para o inglês de A. Weller (Londres: Free Association Books, 2002) e seu artigo "The Construction of Heterochrony" em *Time and Memory*, organização de Rosine Perelberg (Londres: Karnac, 2007), pp. 1-22, para um exame detalhado do fenômeno. O comentário de Perelberg sobre a experiência do tempo é de um ensaio inédito "Après Coup and Unconscious Phantasy". Para uma discussão mais extensa da importância do tempo para a tradição francesa de psicanálise, ver *Time and Sense* de Julia Kristeva (Nova York: Columbia University Press, 1996).

A interpretação dos sonhos permanece no coração da prática psicanalítica. Para discussões contemporâneas da interpretação dos sonhos, ver Sara Flanders, *The Dream Discourse Today* (Londres: Karnac, 1993). Para a pós-vida do sonho de Irma, em particular no que ele está associado à relação de Freud com Fliess, ver Peter Gay, *Freud: A Life for Our Times* (Basingstoke: Macmillan, 1989), pp. 84-7, 274-7 [*Freud: uma vida para o nosso tempo*, São Paulo: Companhia das Letras, 1989]. Para uma explanação psicanalítica da função profética dos sonhos, ver "The 'Oracle' in Dreams: The Past and the Future in the Present" de Rosine Perelberg, na coletânea organizada por ela, *Dreaming and Thinking* (Londres: Karnac, 2000), pp. 109-28. Para a alegação de Julia Kristeva de que somos "estrangeiros para nós mesmos", ver seu livro *Strangers to Ourselves*, publicado pela Columbia University Press, 1991 [Rio de Janeiro: Rocco, 1994].

Para a análise do Homem dos Lobos tanto com Freud quanto com Brunswick, ver *The Wolf Man and Sigmund Freud* de Muriel Gardiner (Londres: Pelican Books, 1973). Para o sonho do Homem dos Lobos enquanto estava em análise com Brunswick, ver Gardiner, p. 315. Os comentários de Rosine Perelberg sobre o fenômeno do *après-coup*, citados aqui, são do seu ensaio "Unconscious Phantasy and Après-coup: 'From the History of an Infantile Neurosis' (the Wolf Man)" na coletânea organizada por ela, *Freud: A Modern Reader*, pp. 206-23.

O reconhecimento do papel do inconsciente atemporal e do desafio que isso representa para a noção da cura está detalhado da melhor forma no artigo de Freud, "Analysis Terminable and Interminable" (*SE 23*, pp. 209-53). Isso levanta a questão dos limites da terapia psicanalítica e indica algumas das razões para considerar que a análise é um meio para desenvolver o caráter, abordagem esboçada por Wilhelm Reich em "On Character Analysis" (1928) na coletânea organizada por R. Fliess, *The Psychoanalytic Reader* (Nova York, 1948: IUP), pp. 106-23.

Para uma autobiografia que capta perfeitamente a complexa experiência do tempo que caracteriza o pensamento de Freud, ver *Timebends* de Arthur Miller (Londres: Methuen, 1987). Como costuma ser o caso, uma versão literária é muito mais clara do que uma quantidade de tratados acadêmicos sobre esse fenômeno. A descrição dada aqui da visão do mundo por parte de uma criança está na p. 11.

Capítulo 5

A perspectiva de que os escritos de Freud sobre a religião somente podem ser interpretados em termos negativos é que prevalece entre os comentadores. Uma visão tão comum quanto essa é a de que suas críticas à religião não são particularmente convincentes. Leituras críticas sobre a exposição de Freud da religião são numerosas. Peter Clarke e Peter Byrne oferecem uma prática sinopse dessas críticas em seu *Religion Defined and Explained* (Basingstoke: Macmillan, 1993), pp. 200-2. Para os comentários de John Hick, aos quais foi feita referência nesse capítulo, ver seu *Philosophy of Religion* (Englewood Cliffs, NJ: Prentice-Hall, 1963), p. 36. Os comentários desdenhosos de Jonathan Lear quanto à pertinência de Freud a respeito da religião estão em seu *Freud* (Londres: Routledge, 2005), p. 218.

Isso não quer dizer que vozes alternativas não tenham sido ouvidas. James DiCenso, em seu *The Other Freud* (Londres: Routledge, 1999) sugere que os textos de Freud sobre religião são mais ricos e multifacetados do que seus críticos admitem. A perspectiva de DiCenso é influenciada pelas ideias dos psicanalistas franceses Jacques Lacan e Julia Kristeva; e sua abordagem associa o pensamento pós-moderno à teoria da cultura e aos estudos da religião. As perspectivas psicanalíticas também estão passando por mudanças sutis, fazendo mais revelações nos textos de Freud sobre esse assunto do que poderia de início parecer ser o caso. A opinião de Jonathan Lear em seu *Freud* (Londres: Routledge, 2005), Capítulo 7, de que as ideias de Freud não resistiram à passagem do tempo e não são nem um pouco úteis, foi questionada por outros que procuraram uma reavaliação desse aspecto de seus escritos. Donald Capps, em sua coletânea *Freud and the Freudians on Religion* (Londres:Yale University Press, 2001), propõe uma leitura mais complexa da teoria da religião de Freud, levando em consideração o desenvolvimento das suas ideias por psicanalistas posteriores. A coletânea de ensaios de Mary Kay O'Neil e Salman Akhtar, *On Freud's "The Future of an Illusion"* (Londres: Karnac, 2009), de modo semelhante reúne ateus e outros mais complacentes com a religião para examinar possíveis modos diferentes de interpretar Freud. Em sua introdução, Akhtar dá a entender que o ateísmo de Freud não é tão bem definido quanto poderíamos, de início, imaginar. Alistair Ross, diretor de Estudos Psicodinâmicos e reitor de Kellogg College, Oxford, é de opinião semelhante. Ross sustenta que as cartas de Freud ao pastor suíço Pfister, seu amigo, revelam uma atitude muito mais simpática à crença religiosa do que poderia ser deduzida se nos limitássemos à leitura de seus trabalhos publicados sobre o assunto. Para essa correspondência, ver a coletânea organizada por Heinrich Meng e Ernst Freud, *The Letters of Sigmund Freud and Oskar Pfister* (Londres: Hogarth Press, 1963). Também poderia ser registrado que a teoria da religião de Freud, como uma forma de projeção antropomórfica, foi usada mais recentemente por Stewart Guthrie em seu empenho de desenvolver uma nova teoria da religião. Guthrie afirma em seu *Faces in the Clouds* (Oxford: OUP, 1993) que a religião surge da tentativa de ver o mundo como algo semelhante ao humano. Em vez de rejeitar essa atitude como uma simples ilusão, Guthrie sustenta que ela revela muito acerca dos medos humanos que tornam necessário descobrir estratégias psíquicas que ajudem a tornar o mundo um lugar mais seguro.

Freud and Jung on Religion de Michael Palmer (Londres: Routledge, 1997) apresenta um excelente registro da variedade a ser encontrada na abordagem de Freud à religião. Numa seção de particular interesse, Palmer chama a atenção para as próprias tendências supersticiosas de Freud, que inclui o exame do incidente da Vênus Quebrada (pp. 10-2). Se existem semelhanças entre a religião e a superstição continua a ser um tópico de discussão na filosofia da religião contemporânea. Ver, por exemplo, o debate entre D. Z. Phillips e Terrence Tilley em *Journal of the American Academy of Religion*, 68 (2), 2000. Para Phillips, a "religião autêntica" é algo totalmente distinto da superstição, e ele ressalta a diferença entre a tentativa religiosa de alinhar a vontade da pessoa à vontade de Deus e o desejo supersticioso de alterar a vontade de Deus. Tilley resiste a essa opinião, afirmando que admitir as semelhanças entre as duas perspectivas não conduz necessariamente à rejeição da religião, mas ao reconhecimento do desejo de se conectar com um mundo maior, comum aos dois modos de pensar e agir.

A tradução de *Seelenleben* por "vida interior" é usada por Nicola Luckhurst em sua tradução de 2004 de *Studies in Hysteria* para a Penguin. Para a versão do termo como "a vida da alma" por Bettelheim, ver seu *Freud and Man's Soul* (Londres: Hogarth Press, 1983).

O uso por Freud do termo "destino" associa seu pensamento mais uma vez ao daquela figura cujos textos ele disse desconhecer: Nietzsche. A ideia de Nietzsche do "eterno retorno" promove a prática do *amor fati* [amor ao destino] de modo bem mais positivo do que a exposição de Freud de como aceitar o destino. O eterno retorno compreende a ideia de como reagiríamos se nos dissessem que precisaríamos repetir nossa vida, absolutamente da mesma forma, inúmeras vezes, até o final dos tempos. Ficaríamos encantados ou horrorizados? Para Nietzsche, o objetivo não é o de simplesmente "aceitar" o destino, mas o de *querer* tanto o que for bom quanto o que for ruim em nossa vida. Somente assim será possível dizer que amamos nosso destino. Para a descrição do eterno retorno por Nietzsche, ver seu *A gaia ciência*, (1887) §341. Para uma discussão mais ampla desse aspecto do pensamento de Nietzsche, ver Lawrence

Hatab, *Nietzsche's Life Sentence: Coming to Terms with Eternal Recurrence* (Londres: Routledge, 2005).

A influência da filosofia sobre o início da carreira de Freud está detalhada em *Freud's Discovery of Psychoanalysis* de William McGrath (Ithaca: Cornell, 1986). McGrath chama a atenção em particular para o fato de Freud ter lido Feuerbach enquanto estudava medicina (pp. 101-7).

Ao levar em conta os usos diferentes que Freud faz do destino, vale ressaltar a distinção entre destino e fatalidade proposta por Christopher Bollas em *Forces of Destiny: Psychoanalysis and Human Idiom* (Londres: Free Association, 1989). Bollas define a fatalidade como algo exterior ao eu, que é principalmente entendido de modo negativo e passivo, enquanto o destino é aquilo que pode ser dominado e moldado pela própria pessoa. A relação entre o destino e a formação do caráter está ligada à fase posterior da carreira de Freud, em que o foco muda do entendimento do inconsciente para a tarefa de analisar o caráter. Para um exame do que essa mudança envolve, ver "The Fate of the Ego in Analytic Therapy" de Richard Sterba, *International Journal of Psychoanalysis*, 15, 1934, pp. 117-26.

A respeito das conexões entre a religião e o inquietante, ver *Speaking the Unspeakable: Religion, Misogyny and the Uncanny Mother in Freud's Cultural Texts* de Diane Jonte-Pace (Berkeley: University of California Press, 2001).

Quase não surpreende que as ideias de Freud repercutam aspectos do pensamento estoico: ver *A Compulsion for Antiquity: Freud and the Ancient World* de R. H. Armstrong (Ithaca e Londres: Cornell University Press, 2005) para detalhes do fascínio de Freud pela Antiguidade. *Freud: A Life for Our Time* de Peter Gay (Basingstoke: Papermac, 1995) [*Freud: uma vida para o nosso tempo*, São Paulo: Companhia das Letras, 1989] oferece exemplos do estoicismo que Freud demonstrou quando lidou com os golpes da vida. Naturalmente, existe uma diferença entre usar esse termo em sentido lato e adotar sua estrutura de crenças como um esqueleto de sustentação para a própria vida. Com essa ressalva, vale a pena ler as seções que tratam da reação de Freud à morte de sua querida filha Sophie (pp. 391-3), bem como a descrição de Gay de como Freud encarou a própria morte, que dão uma ideia daquele tipo de atitude da Antiguidade associada à prática estoica dos filósofos Sêneca e Marco Aurélio. Após muitos anos de sofrimento com um câncer do maxilar, Freud encarregou-se da própria morte, quando a dor se tornou lancinante. A seu pedido, seu médico, Max Schur, ministrou-lhe uma dose fatal de morfina.

> Schur estava a ponto de cair em lágrimas, enquanto via Freud encarar a morte com dignidade e sem autocomiseração. Nunca tinha visto ninguém morrer daquele jeito... Quase quatro décadas antes, Freud tinha escrito a Oskar Pfister, indagando o que se faria um dia "quando os pensamentos falharem ou as palavras se recusarem a surgir".

Ele não conseguiu reprimir:

> "Um tremor diante dessa possibilidade. É por esse motivo que, com toda a resignação perante o destino que cabe a um homem honesto, tenho uma súplica secreta: nada de invalidez, que minhas forças não sejam paralisadas por algum tormento corporal. Vamos morrer lutando, como diz o rei Macbeth. Ele tinha se certificado de que sua súplica secreta fosse atendida. O velho estoico tinha mantido o controle sobre sua vida até o final" (Gay, 1995: 651).

Não surpreende, portanto, que a prática terapêutica de Freud tenha tido como objetivo o fomento do mesmo tipo de resiliência e firmeza diante da adversidade. Que essa filosofia da Antiguidade pudesse em si funcionar como uma forma de terapia para os males da vida é uma posição adotada em *Philosophy as a*

Way of Life de Pierre Hadot (Oxford: Blackwell, 1995) e em *The Therapy of Desire: Theory and Practice in Hellenistic Ethics* de Martha Nussbaum (Princeton: Princeton University Press, 1994).

Para um artigo que cobre não mais que três páginas, "Sobre a transitoriedade" suscitou respostas criativas e detalhadas. A abordagem mais sistemática é a de *Freud's Requiem* de Matthew von Unwerth (Londres: Continuum, 2005), em que ele identifica os companheiros de Freud como Rainer Maria Rilke e Lou Andreas-Salomé. Jonathan Dollimore, em *Death, Desire and Loss in Western Culture* (Londres: Penguin, 1998), não leva a sério o argumento de Freud em prol de uma terceira via entre o otimismo religioso e o pessimismo ateu, alegando que essa é uma resposta "banal"; uma intervenção "travessa" diante de um rapaz excessivamente severo (p. 181). Eu discordo: a abordagem de Freud descortina uma perspectiva diferente e poderia ser adotada, de modo proveitoso, pelo filósofo da religião, o que tento fazer em meu *Sex and Death: A Reappraisal of Human Mortality* (Cambridge: Polity, 2002).

Capítulo 6

As diferentes leituras possíveis de Freud fazem dele uma figura fascinante. Para uma recente coleção de ensaios que apresentam leituras diferentes de Freud, de autoria de psicanalistas britânicos e franceses, ver a coletânea organizada por Rosine Jozef Perelberg, *Freud: A Modern Reader* (Londres: Whurr, 2005). Para uma introdução ao tipo de neuropsicanálise que caracteriza a adoção de Freud para a neurociência por parte de Mark Solms, ver seu livro, em coautoria com Oliver Turnbull, *The Brain and the Inner World: An Introduction to the Neuroscience of Subjective Experience* (Londres: Karnac, 2002). Para a crítica de William R. Uttal à neurociência, ver seu *The New Phrenology: The Limits of Localising Cognitive Processes in the Brain* (Cambridge, MA: MIT Press, 2001).

Se você não leu *Lolita* de Vladimir Nabokov (Londres: Penguin, [1955] 1980), deveria ler. Ele pode ser altamente polêmico; mas também é engraçado, sensual e surpreendente. Perturbadora, em última análise, a forma de sua narrativa brinca com a reação do leitor, atribuindo inevitavelmente a quem lê o papel de *voyeur*. Para a passagem citada, ver a p. 282. Ao mesmo tempo, o romance de Nabokov oferece, creio eu, um relato mais complexo do abuso sexual do que costuma ser apresentado. Trata-se de uma descrição da complexa rede que dá sustentação às relações sexuais abusivas, que se reflete em recentes casos criminais de tráfico sexual infantil no Reino Unido. Em 2012, nove homens de Rochdale foram condenados por delitos sexuais contra meninas que consideravam esses homens seus namorados. No contexto de um suposto relacionamento, essas meninas eram passadas para que outros abusassem delas. Dizer que essas meninas tiveram a "escolha" de participar desses atos faz pouco sentido; e a complexidade da explanação da sexualidade por Freud oferece, na minha opinião, um contexto melhor para examinar a natureza desse abuso do que a linguagem liberal dominante, que fala de escolha e consentimento.

Muito se escreveu sobre o interesse de Freud pela filosofia e suas conexões com ela. *Freud and Man's Soul* de Bruno Bettelheim (Londres: Hogarth Press, 1983) é um texto clássico, que expõe Freud menos como cientista e mais como um pensador que recorre às humanidades para entender o que Bettelheim chama de "nossa humanidade comum". Os primeiros interesses filosóficos de Freud também são explorados em *Freud's Discovery of Psychoanalysis* de William J. McGrath (Londres: Cornell University Press, 1986), Capítulo 3, com a sugestão de McGrath de que, longe de ser despropositada para o desenvolvimento das suas ideias, a filosofia desempenhou nele um papel crucial. Uma exposição com um grau de detalhamento semelhante sobre as ligações filosóficas de Freud é apresentada por Alfred Tauber em seu *Freud: The Reluctant Philosopher* (Princeton: Princeton University Press, 2010). Para o fascinante exame do pessimismo metafísico de Freud e sua relação com a filosofia de Arthur Schopenhauer, por Joshua Foa Dienstag, ver de sua autoria *Pessimism: Philosophy, Ethic, Spirit* (Princeton: Princeton University Press, 2006). Para um *insight* sobre a atitude de Freud diante da vida e da morte, ver *Freud's Requiem: Mourning, Memory and the Invisible History of a Summer Walk* de Matthew von Unwerth (Londres: Continuum, 2005). Para detalhes da conversa com Maria Bonaparte aqui descrita, ver p. 177. Para a natureza dolorosa da morte de Freud, ver Gay, 1995, p. 651.

A alegação de que as ideias de Freud podem ser aplicadas à crítica da plataforma de felicidade, que continua a caracterizar as políticas públicas, reúne os temas da crítica cultural e da filosofia moral examinados nesse capítulo. Para um dos principais textos que influenciaram iniciativas dessa natureza, ver Richard Layard, *Happiness: Lessons from a New Science* (Harmondsworth: Penguin, 2005). Para uma coleção de ensaios (muitas vezes críticos) sobre a atual obsessão cultural com a promoção da felicidade e do bem-estar, ver *The Practices of Happiness*, coletânea organizada por John Atherton, Elaine Graham e Ian Steedman (Londres: Routledge, 2011).

Bibliografia

Breuer, Josef e Sigmund Freud (1893-95), *Studies in Hysteria, Standard Edition of the Complete Works of Sigmund Freud*, volume 2, tradução e organização de J. Strachey, Londres: Hogarth Press / Virago. [Trad. bras. Edição Standard brasileira das obras psicológicas completas de Sigmund Freud, vol. II, *Estudos sobre a histeria*, Imago.]

Freud, Ernst L., org. (1960), *Letters of Sigmund Freud*, tradução de T. e J. Stern, Nova York: Basic Books.

Freud, Sigmund ([1895] 1950), "The Scientific Project for Psychology", *Standard Edition of the Complete Works of Sigmund Freud* (de agora em diante simplesmente "SE"), volume 1, tradução e organização de J. Strachey, Londres: Hogarth Press / Virago, pp. 295--397. [Trad. bras. SE I, Imago.]

Freud, Sigmund (1896), "The Aetiology of Hysteria", SE 3, pp. 189--221. [Trad. bras. SE III, Imago.]

Freud, Sigmund (1897), "Letter 71 to Fliess", SE 1, pp. 263-6. [Trad. bras. SE I, Imago.]

Freud, Sigmund (1899), "Screen Memories", SE 3, pp. 299-322, 221. [Trad. bras. SE III, Imago.]

Freud, Sigmund (1900), *The Interpretation of Dreams*, SE 4 e 5. [Trad. bras. SE IV e V, Imago.]

Freud, Sigmund (1901), *The Psychopathology of Everyday Life*, SE 6. [Trad. bras. SE VI, Imago.]

Freud, Sigmund (1905a [1901]), *Fragment of an Analysis of a Case of Hysteria*, SE 7, pp. 7-122. [Trad. bras. SE VII, Imago.]

Freud, Sigmund (1905b), *Three Essays on the Theory of Sexuality*, SE 7, pp. 135-243. [Trad. bras. SE VII, Imago.]

Freud, Sigmund (1905c), *Jokes and Their Relation to the Unconscious*, SE 8. [Trad. bras. SE VIII, Imago.]

Freud, Sigmund (1907), "Obsessive Actions and Religious Practices", SE 9, pp. 115-27. [Trad. bras. SE IX, Imago.]

Freud, Sigmund (1908a [1907]), "Creative Writers and Day-Dreaming", SE 9, pp. 141-53. [Trad. bras. SE IX, Imago.]

Freud, Sigmund (1908b), "On the Sexual Theories of Children", SE 9, pp. 209-26. [Trad. bras. SE IX, Imago.]
Freud, Sigmund (1909a), *Analysis of a Phobia in a Five-Year-Old Boy*, SE 10, pp. 5-149. [Trad. bras. SE X, Imago.]
Freud, Sigmund (1909b), *Notes Upon a Case of Obsessional Neurosis*, SE 10, pp. 155-318 . [Trad. bras. Obras completas [de agora em diante simplesmente OC], vol. 9, Companhia das Letras.]
Freud, Sigmund (1911), "Formulations on the Two Principles of Mental Functioning", SE 12, pp. 213-26. [Trad. bras. SE XII, Imago / OC, vol. 10, Companhia das Letras.]
Freud, Sigmund (1912), "The Dynamics of Transference", SE 12, pp. 97-108. [Trad. bras. SE XII, Imago / OC, vol. 10, Companhia das Letras.]
Freud, Sigmund (1913a), *Totem and Taboo*, SE 13, pp. 1-162. [Trad. bras. SE XIII, Imago / *Totem e tabu*, Companhia das Letras.]
Freud, Sigmund (1913b), "The Claims of Psychoanalysis to Scientific Interest", SE 13, pp. 165-90. [Trad. bras. SE XIII, Imago.]
Freud, Sigmund (1914a), "Remembering, Repeating and Working Through", SE 12, pp. 145-56. [Trad. bras. SE XII, Imago / OC, vol. 10, Companhia das Letras.]
Freud, Sigmund (1914b), *On the History of the Psycho-Analytic Movement*, SE 14, pp. 1-66. [Trad. bras. SE, vol. XIV, Imago / OC, vol. 11, Companhia das Letras.]
Freud, Sigmund (1914c), "The Moses of Michelangelo", SE 13, pp. 211-38. [Trad. bras. SE XIII, Imago / OC, vol. 11, Companhia das Letras.]
Freud, Sigmund (1915a [1914]), "Observations on Transference-Love", SE 12, pp. 157-71. [Trad. bras. SE XII, Imago / OC, vol. 10, Companhia das Letras.]
Freud, Sigmund (1915b), "Instincts and Their Vicissitudes", SE 14, pp. 109-40. [Trad. bras. SE XIV, Imago / OC, vol. 12, Companhia das Letras.]
Freud, Sigmund (1916 [1915]), "On Transience", SE 14, pp. 303-7. [Trad. bras. SE XIV, Imago / OC, vol. 12, Companhia das Letras.]
Freud, Sigmund (1916-1917), *Introductory Lectures on Psycho-Analysis*, SE 15 e 16. [Trad. bras. SE XV e XVI, Imago / OC, vol. 13, Companhia das Letras.]

Freud, Sigmund ([1915] 1917),"Mourning and Melancholia", SE 14, pp. 237-58. [Trad. bras. SE XIV, Imago / OC, vol. 12, Companhia das Letras.]

Freud, Sigmund ([1914] 1918), *From the History of an Infantile Neurosis*, SE 17, pp. 3-122. [Trad. bras. SE XVII, Imago / OC, vol. 14, Companhia das Letras.]

Freud, Sigmund (1919),"The 'Uncanny'", SE 17: 217-56. [Trad. bras. SE XVII, Imago / OC, vol. 14, Companhia das Letras.]

Freud, Sigmund (1920), *Beyond the Pleasure Principle*, SE 18, pp. 1-64. [Trad. bras., SE XVIII, Imago / OC, vol. 14, Companhia das Letras.]

Freud, Sigmund (1923a), *The Ego and the Id*, SE 19, pp. 3-66. [Trad. bras. SE XIX, Imago / OC, vol. 16, Companhia das Letras.]

Freud, Sigmund (1923b), "The Infantile Genital Organization", SE 19, pp. 141-5. [Trad. bras. SE XIX, Imago / OC, vol. 15, Companhia das Letras.]

Freud, Sigmund (1924a), "The Economic Problem of Masochism", SE 19, pp. 155-70. [Trad. bras. SE XIX, Imago.]

Freud, Sigmund (1924b), "The Dissolution of the Oedipus Complex", SE 19, pp. 171-9. [Trad. bras. SE XIX, Imago / OC, vol. 16, Companhia das Letras.]

Freud, Sigmund (1925a), *An Autobiographical Study*, SE 20, pp. 1-74. [Trad. bras., SE XX, Imago / OC, vol. 16, 2011.]

Freud, Sigmund (1925b),"Some Psychical Consequences of the Anatomical Distinction between the Sexes", SE 19, pp. 248-58. [Trad. bras. SE XIX, Imago.]

Freud, Sigmund (1927a), *The Future of an Illusion*, SE 21, pp. 1-56. [Trad. bras. SE XXI, Imago / OC, vol. 17, Companhia das Letras.]

Freud, Sigmund (1927b), "Fetishism", SE 21, pp. 147-57. [Trad. bras. SE XXI, Imago / OC, vol. 17, Companhia das Letras.]

Freud, Sigmund (1928 [1927]), "Dostoyevsky and Parricide", SE 21, pp. 173-96. [Trad. bras. SE XXI, Imago / OC, vol. 17, Companhia das Letras.]

Freud, Sigmund (1930 [1929]), *Civilisation and Its Discontents*, SE 21, pp. 57-145. [Trad. bras. SE XXI, Imago / OC, vol. 18, Companhia das Letras.]

Freud, Sigmund (1931),"Female Sexuality", SE 21, pp. 221-43. [Trad. bras. SE XXI, Imago.]

Freud, Sigmund ([1932] 1933), *New Introductory Lectures on Psycho-Analysis*, SE 22, pp. 5-182. [Trad. bras. SE XXII, Imago / OC, vol 18, Companhia das Letras.]

Freud, Sigmund (1936), "A Disturbance of Memory on the Acropolis", SE 22, 237-48. [Trad. bras. SE XXII, Imago.]

Freud, Sigmund (1937a), "Analysis Terminable and Interminable", SE 23, pp. 209-53. [Trad. bras. SE XXIII, Imago.]

Freud, Sigmund (1937b), "Constructions in Analysis", SE 23, pp. 255--69. [Trad. bras. SE XXIII, Imago.]

Freud, Sigmund (1939), *Moses and Monotheism*, SE 23, pp. 3-137. [Trad. bras. SE XXIII, Imago.]

Freud, Sigmund ([1938] 1940), *An Outline of Psychoanalysis*, SE 23, pp. 141-207. [Trad. bras. SE XXIII, Imago.]

Freud, Sigmund e Josef Breuer (2004), *Studies in Hysteria*, tradução de N. Luckhurst, Londres: Penguin

Meng, Heinrich e Ernst Freud, orgs. (1963), *The Letters of Sigmund Freud and Oskar Pfister*, tradução de Eric Mosbacher, Londres: Hogarth Press. [Trad. bras. *Cartas entre Freud e Pfister*, Ultimato.]

Agradecimentos

Este livro foi se formando ao longo de alguns anos, e eu gostaria de expressar meu agradecimento às seguintes pessoas por seus *insights* e apoio, enquanto o escrevia:

Aos colegas da Oxford Brookes University, em especial Dominic Corrywright, Tom Cosgrove, Martin Groves, Perry Hinton, Michele Paule, Constantine Sandis e Tom Tyler.

À Divisão de Psicanálise da University College London, que me proporcionou inúmeros *insights* e novos modos de ver durante meus estudos para o mestrado naquela instituição. Minha gratidão a Lionel Bailly, Michael Brearley, Nicola Luckhurst, Ruth McCall e Rosine Perelberg.

Aos colegas associados ao Grupo de Filosofia, Teologia e Terapêutica, em especial Madelyn Brewer, John Cottingham, Penny Hill, Liana New e Michael Parsons.

A Alistair Ross, que fez uma leitura cuidadosa e meticulosa dos originais.

A Mike Harpley da Oneworld por suas ideias e comentários e a Ann Grand por sua minuciosa leitura do texto e por organizar bem minhas frases.

A meu irmão, Brian R. Clack, pelas numerosas conversas esclarecedoras sobre a obra de Freud que tivemos e continuamos a ter.

E principalmente ao meu marido, Robert Lindsey, por aplicar sua inteligência incisiva aos pensamentos às vezes digressivos e desconexos que eu tive enquanto escrevia este livro; e por me mostrar, de modos que Freud sem dúvida aprovaria, que a vida não é só trabalho, mas amor também.

Índice remissivo

Abraham, K., 115
Acrópole, 10-11
Adler, A., 25
aflição; *ver também* infelicidade, 28, 64, 157
agressividade, 27, 64
Akhenaton, 167
Akhtar, S., 167, 199
Allen, W., 1-2
alucinações, 15-6, 41, 65
ambivalência, 10, 76, 82, 83, 95
amor fati, 200
amor, 30, 89, 179
análise do caráter, 158, 197
analista
    importância do, 135
    papel do, 116, 165
Andreas-Salomé, L., 25-6, 86, 168, 188, 193, 203
angústia, 75, 117, 147-8, 152
angústia, histeria de, 123
Aníbal, 8
"Anna O." (Bertha Pappenheim), 16, 39, 49, 50, 65-6
anormalidade, 62
Antígona, 90
apego, 59, 79
Appignanesi, L., 58, 188-9
après-coup [*a posteriori*], 127, 197
arte; *ver também* criatividade, 142-3

associação livre, 16, 19, 43, 46, 52, 114, 125-6
atenção, 163
atividade lúdica, 66, 99, 136, 138-9
ato falho "lapso freudiano", 1
atuação, 134
Aurélio, M., 202

B'nai B'rith, 167
Bailly, L., 37
beleza, 169, 182
bem-estar, 181, 205
Benjamin, J., 25
Bernheimer, C., 60, 190-2
Bettelheim, B., 89, 90, 95, 162, 166, 194, 200, 204
Binswanger, L. 24
"biologia é destino", 23
Bollas, C., 37, 62, 186, 190, 201
Bonaparte, M., 25, 182, 188, 205
Borossa, J., 38, 186, 189
Brentano, F., 102-3, 194
Breuer, J., 14-6, 38-41, 49-51, 64-5, 112
Britton, R., 194
Bronowski, J., 143
Brücke, E., 11
Brunswick, R. M., 25, 87, 123, 131-3, 193, 197

budismo, 166
Byrne, P., 198

Capps, D., 199
Carter, A., 10, 188
castração, 80, 83-5, 92, 128-9
censura, 114
Charcot, J. M., 13-4, 38-9, 45
cinema, 189-90
civilização, 27, 64, 142-4
Clarke, P., 198
clitóris, 81, 192
compulsão à repetição, 101-2, 135
concentração, técnica de; *ver também* associação livre, 42-3
consciente, 29, 106
conteúdo latente dos sonhos, 113
conteúdo manifesto dos sonhos, 113
conteúdo sobredeterminado dos sonhos, 115, 121
contratransferência, 59-60
crianças, abuso de; *ver também* infância, sedução na, 74, 173-4
crianças,
    desejos das, 8, 65, 73-5, 122, 127, 145, 153-4, 175
    inocência das, 73, 173
    sexualidade das, 19-21
    teorias sexuais das, 9, 21, 127-9
criatividade, 149
    de artistas, 66, 191
    do inconsciente, 138-9

culpa, 10-1, 80, 93, 94, 142
cura; *ver também* sucesso terapêutico, 34, 38, 49, 63, 131, 134, 157-8, 197

Dare, C., 188, 195
Darwin, C., 92
delusão, 145
desejo, 64, 71-2, 91
    anaclítico, 70
    narcísico, 70
desejos, 145, 163
desenvolvimento, 11
desenvolvimento, psicologia do, 107, 129, 195
desilusão; *ver também* perda, 11
Despertar, O, 154
Destino, 29, 101, 143, 157-9, 162, 200
    e religião, 152-3
destino, neurose de, 101
Deus, 151, 156, 167, 182, 200
deuses, 144, 159
Deutsch, H., 25
DiCenso, J., 141, 198
Didi-Huberman, G., 187
Dienstag, J., 180, 183, 187, 205
Dinâmica da transferência, A, 59
doença, 33, 63, 66-7
doença, função secundária da, 37
doença mental, 3, 32, 146
Dollimore, J., 203
"Dora" (Ida Bauer), 44-61, 67, 88, 99, 110, 135, 190
    e a sra. K., 57-8, 60, 190
    relacionamento com mulheres, 54, 60

sonhos, 51-4
transferência hostil para
    Freud, 47, 55
vingança, 56-57
    contra Freud, 53, 57, 60
    contra o pai, 47, 53, 57
    contra os K., 57

Eckstein, E., 118
Édipo, 69-78, 88-9, 95-6, 101, 141, 191
Édipo, complexo de, 8, 51, 54, 70, 72-90, 93-4, 105, 173
    críticas ao, 77, 84, 86-90, 93, 193-4
    e a sociedade, 90-6
    e analistas posteriores, 87-90, 194-5
    mulheres e o, 54-5, 78, 80-6
    relação com neuroses do, 75-6
    resolução e dissolução do, 74-7
Edmundson, M., 185
ego, 29, 106, 108, 121, 137, 158, 164
"Elisabeth von R." (Ilona Weiss), 42
"Emmy von N." (Fanny Moser), 40-1, 43, 46
Empédocles de Agrigento, 97, 103
Epicuro, 178
Eros, 61, 96, 194
estoicismo, 162-4, 183, 201-2
estudos de caso, papel dos, 35, 45

Estudos sobre a histeria, 35, 39, 44, 72, 157, 160-1
eterno retorno, 200
Evans-Pritchard, E. E., 93
exercício espiritual e prática psicanalítica, 163-6

fantasia; *ver também* realidade
    e o sexo, 20, 49, 52, 74, 105, 127-30, 173-6
    e a formação de sintomas, 48-50
    e a imaginação, 44, 48-9, 65-6, 191
    definição de, 8-9
fase anal, 20, 107
fase fálica, 20, 79, 82
fase genital, 107
fase oral, 20, 79, 107
fatalidade; *ver também* destino, 102, 164, 201
Federn, P., 22, 187
felicidade; *ver também* infelicidade, 162-3, 180-1, 205
feminilidade, 36, 82
femininos, sexualidade e desenvolvimento sexual, 54, 78, 80-6
feminismo, 37, 45, 83, 93-4, 192-3
ferramentas psicanalíticas, 134-5, 157-8, 161, 178-9, 180, 183
Feuerbach, L., 156, 201
filhas, 10, 75
filhos, 75
filosofia, 142, 145

Fliess, W., 25, 35, 51, 60, 72, 110-1, 118-20, 197
fobia de animais, 124, 128
Fonagy, P., 195
Formulações sobre os dois princípios do funcionamento mental, 65
Forrester, J., 58, 188-90
frenologia, 176
Freud, Adolfine (irmã), 30
Freud, Amalia (em solteira, Nathansohn) (mãe), 5, 7
Freud, Anna (filha), 25-6, 29-30, 188
Freud, Emanuel, (meio-irmão), 7
Freud, Jacob (pai), 6-9, 19,
Freud, Maria (sobrenome de casada Moritz-Freud) (irmã), 30
Freud, Martha, (em solteira, Bernays), 11, 115, 188
Freud, Mathilde (sobrenome de casada Hollitscher-Freud) (filha), 56, 116-7, 161
Freud, Pauline (sobrenome de casada Winternitz) (irmã), 30
Freud, Philipp (meio-irmão), 7
Freud, Sigmund,
    autoanálise de, 18-21, 72, 77, 116
    casamento de, 11
    clínica médica, 3, 11, 33-4, 63, 111
    como cientista, 176
    como crítico cultural, 172-7
    como filósofo moral, 177-84
    descoberta do complexo de Édipo, 73
    e a filosofia, 21-2, 155-6, 177-84, 186-7, 201, 205
    e o Mundo Antigo, 141, 163, 201
    e os nazistas, 30
    efeito da Grande Guerra, 27
    em Londres, 30
    em Viena, 7
    enfermidade de, 28
    formação médica, 11
    identidade judaica, 7-8, 11, 141, 167-8
    início da vida, 6-11
    legado de, 31-2
        na cultura popular, 1-2
    método em desenvolvimento, 5-6, 19, 32, 40, 42, 46, 61, 105, 138-40
    hipnose, 38-43
    modelos da mente, 18, 29
    morte de, 5, 182, 202-3
    Pai da nova ciência, 102
    relação com a mãe, 6-7, 19
    relação com o pai, 9-11, 18-9, 22-3, 26
    relações com homens, 23, 25-6
    relações com mulheres, 25-6, 56, 187-8
    superstições, 151, 153, 199
Freud, Sophie, (sobrenome de casada Halberstadt) (filha) 28, 161, 202
Futuro de uma ilusão, O, 142, 159, 161, 167-8

Gardiner, M., 186, 193, 197

Gay, P., 24, 31, 119, 162, 185, 188-9, 197, 201-2
Green, A., 108-9, 196
Grosz, S., 190, 195
guerra, 27-8
Guthrie, S., 199

Hadot, P., 162, 203
Halberstadt, H. (neto de Freud), 28
Hamlet, 191
Hatab, L., 201
Helmholtz, H. von, 11
Hick, J., 148, 198
Hinshelwood, R. D., 87, 193
hipnose, 38-9, 40-3
histeria, 33-67, 108, 157, 186-7
  criatividade da, 66
  definição, 11, 13, 60, 63-4
  e o animal humano, 61-7, 69
  influência de Charcot, 13-4
  teorias de Freud, 13-7, 105, 173
Hitchcock, A., 1
Holder, A., 195
"Homem dos lobos" (Sergei Pankejeff), 35, 87-8, 121-31, 186, 197
"Homem dos Ratos" (Ernst Lanzer), 75-6, e a religião, 146-7
homossexualidade, 83
Horney, K., 25, 81
Hug-Hellmuth, H., 25

id, 106, 108, 121
idealização, 95

ilusão, 145, 149
imaginação; *ver também* fantasia, 20, 48, 130, 149
incesto, proibição ao, 91-2
inconsciente, o, 16-7, 19, 21, 29, 31, 64, 105-9, 114, 120, 170
  como profecia, 110, 117, 119
infância, sedução na, 15
infelicidade, 64, 157, 181
inquietante, o, 91, 154-5, 201
instinto, instintos, 64, 75, 97-8, 100
interpretação de Freud, 107-8, 171-2, 196, 203-4
interpretações britânicas, 107, 172
interpretações francesas, 107-9, 172, 196
Interpretação dos sonhos, A, 9, 19, 114-7, 153
Irigaray, L., 80, 86, 192
irmãos, 84, 90, 127, 194

Jocasta, mãe de Édipo, 89, 90, 95, 191
Jones, E., 30, 185
Jonte Pace, D., 206
Joseph, B., 135, 190
Jung, C., 23-6

Kahane, C., 190-2
Kant, I., 193
"Katharina", 15-6
Klein, M., 10, 25, 47, 50, 85, 88, 135, 188, 193
Koedt, A., 81, 192

Kristeva, J., 25, 88, 120, 136, 194, 196-8

Lacan, J., 34, 53, 80, 96, 107-8, 191-2, 196, 198
Laio, pai de Édipo, 89
Laplanche, J., 8, 48, 185, 191
Layard, R., 205
Lear, J., 149, 185, 198
lembrança; *ver também* memória, 40, 134, 136
"Lembranças encobridoras", 121-2
Levy, K., 28
Levy, L., 161
libido, 75, 137
Lolita, 174-5, 204
Luckhurst, N., 158, 200
luto, 137

Macbeth, 202
mãe, 10, 80-1, 83-4, 87-8, 97, 191
ausência da, 95-6, 99
mãe fálica, 82
mães; *ver também* filhas, 10, 54, 82, 94
Makari, G., 185
Mal-estar na civilização, O, 142, 167
Malcolm, J., 186
Malinowski, B., 77
Marcus, S., 57
Marnie, confissões de uma ladra, 1
masculinos, sexualidade e desenvolvimento, 79, 83
Masson, J., 186
masturbação, 79-80, 128

matriarcado, 95
McGrath, W., 156, 201, 204
memória, 122-3, 126-30
metapsicologia, 97, 102, 179, 194
método catártico, 16, 39
Meynart, T., 13
Michelangelo, 167
Middleton, K., 145
Miller, A., 197
Mitchell, J., 84, 90, 187, 189-90, 192, 194
mito, 94, 96
modelo estrutural da mente, 29, 106
modelo topográfico da mente, 29, 106, 114, 120, 138
modelos da mente, 106, 188, 195
Moi, T., 192
Moisés e o monoteísmo, 167
Moisés, 167
mortalidade, 141, 160
morte, 4, 61, 100, 153, 160, 180
visão das crianças sobre a, 73-4
mulheres; "Mulher", 26, 56, 83-6, 95-6, 192, 195

Nabokov, V., 174-5, 204
nachträglichkeit; *ver também après-coup*, 127, 131
narcisismo, 137
Natureza, 143-4, 159, 182
neurociência, 176
neurose; doença neurótica, 66, 75, 129, 147
neurose obsessiva; transtorno

obsessivo-compulsivo, 63, 76, 124, 147-8
Nietzsche, F., 21-2, 25-6, 32, 187, 189, 200
Noivo neurótico, noiva nervosa [Annie Hall], 1, 2
normalidade; *ver também* anormalidade, 62, 84, 158, 183
numerologia, 153
Nussbaum, M., 203

objeto transicional; espaço transicional, 149
Olivier, C., 10
onipotência do pensamento, 150
oração, 151

Paglia, C., 94-5, 195
pai, 97
  na religião, 92-4, 142, 145
  no desenvolvimento da criança, 54, 79-84, 88, 132
pais; *ver também* filhos, 10, 50-1, 76, 87, 92, 94
Palmer, M., 153, 193, 199
parapraxia, 108
Pascal, B., 152
passado, 108-9, 120, 130, 135-6, 138, 154, 170
pênis, 88
  inveja do, 82-4
  substituto do, 55, 82
"Pequeno Hans", 84, 87, 92
perda, 28
Perelberg, R., 25, 108, 119, 129, 196-7, 203

"perversa polimorfa", 2
Pfister, O., 167-8, 199, 202
Phillips, A., 107
Phillips, D. Z., 200
piadas, 108
Pontalis, J.-B., 8, 48, 185, 191
prazer, princípio de, 27, 65, 98-100
pré-consciente, 106, 114
primitivos, 90-2, 143, 150-1, 159
progresso, progressão, 107, 109, 131, 143
psicanálise
  como ciência, 89, 176, 195
  como narrativa, 35, 89, 93-6, 194
  prática da, 34, 157-8, 166, 170
pulsão de morte, instinto de morte; *ver também* Tânatos, 4, 27, 97-8, 102-3, 117, 194

razão, 163
reação terapêutica negativa, 99
realidade, 27, 48, 144, 174
realidade, princípio de, 65, 99
realidade, teste de, 137
realização de desejos
  em sonhos, 19, 52, 100, 117
  na religião, 145-6
recalque, 1, 15-6, 51, 64, 114
"Recordar, repetir, elaborar", 134
Rée, P., 25
Reich, W., 197
relação terapêutica;
  parceria terapêutica, 40, 43-4, 59-60, 133-7

relações de objeto, 98
religião, 139, 141-70, 177
    como ilusão, 145, 149
    como neurose obsessiva, 147-8
    como realização de desejo, 145, 166
    crítica da, 142-9, 180, 198
    discordância com Jung acerca da, 23
    e a criatividade, 149
    e civilização, 142-3
    e o complexo de Édipo, 90-6
    e o inconsciente, 146, 154
    e o reconforto psíquico, 151-2
    e psicopatologia, 146
    utilidade psicológica da, 144-5, 155, 159
"retorno do recalcado", 72, 154
Ricoeur, P., 94, 96, 195
Rie, O., 28, 111-2
Rilke, R. M., 168, 203
ritual, 63
Riviere, J., 25
Rolland, R., 167
Rosenstein, L., 112
Ross, A., 199

sacrifício, 151-2, 161
Sade, Marquês de, 92
Sandler, J., 106, 195
saúde, 33, 66
Schopenhauer, A., 21-2, 187, 205
Schur, M., 35
    papel na morte de Freud, 202-3
sedução, teoria da, 34-5, 75

seelenleben ("vida interior") 161-2, 200
Segal, H., 25, 191
Sêneca, 202
sexo; definição de Freud do, 20, 67, 70, 78, 172-5
sexual, abuso, 35, 45, 124, 173-4, 204
sexual, pulsão; sexual, instinto, 20, 27, 64, 97-8
sexualidade na tenra infância; *ver também* crianças, sexualidade das, 20
sexualidade, desenvolvimento da, em fases, 20, 69, 79
situação edipiana, 88
Sobre a psicopatologia da vida cotidiana, 17-8, 151
"Sobre as teorias sexuais das crianças", 20
Sófocles, 70, 89, 90, 95, 101-2, 191
sogra, 91-2
Solms, M., 176, 203
sonho composto
    formação do, 112-7, 120-1
"Sonho da Injeção de Irma", 110, 118
sonhos
    com a morte dos pais, 73-5
    como realização de desejos, 19, 51, 100, 117, 146
    interpretação dos, 19, 108-21, 125-6, 133-4
    traumáticos, 100-1, 117
"sr. K.", 44-5, 48-9, 51-2, 55-7, 88

"sra. K.", 45, 54-5, 57-8, 60, 67, 190
Steiner, R., 196
Sterba, R., 164, 201
Strachey, J., 61, 155, 195
Streisand, B., 2
sublimação, 65, 143, 179-81
sucesso terapêutico, 59, 136, 138-40
superego, 80, 85, 106, 193
superstição, 63
e religião, 150-5, 200-1
Swales, P., 186
Symington, N., 102-3, 194

tabu, 90-1
Tânatos, 96-7, 194
Tauber, A., 178
tempo, teoria psicanalítica do, 108-9, 119-20, 134, 138-9, 196
e o Homem dos Lobos, 121-30
terapia, 117-38, 161-6, 177-8, 195, 202
Thoreau, H. D., 64
Tilley, T., 200
Totem e tabu, 90, 93-4, 96, 142, 150, 167
totemismo, 90, 93

trabalho, 31, 171
transferência; *ver também* contratransferência, 47, 49, 55-6, 59-60, 131-2, 135-7, 190
transitoriedade, 166-70
"transitoriedade, Sobre a", 168, 182, 203
trauma, 100
trauma-afeto, 106
Três ensaios sobre a teoria da sexualidade, 20
Turnbull, O., 203

Unwerth, M. von, 168, 203, 205
útero, inveja do, 85
Uttal, W., 176, 203

vagina, 81, 88

Weatherill, R., 194
Webster, R., 186
Weismann, A., 180
Winnicott, D., 98, 135, 149, 190, 194
Wollheim, R., 105, 188, 195

Yalom, I., 190

Zweig, A., 22